臺灣歷史與文化 研究輯刊

三 編

第 17 冊

日治時期臺灣建築彩繪瓷版研究
——以淡水河流域為例

康格溫 著

花木蘭文化出版社

國家圖書館出版品預行編目資料

日治時期臺灣建築彩繪瓷版研究——以淡水河流域為例／康
格溫 著—初版—新北市：花木蘭文化出版社，2013〔民
102〕
目 2+242 面；19×26 公分
（臺灣歷史與文化研究輯刊 三編：第 17 冊）
ISBN：978-986-322-479-2（精裝）
1. 陶瓷畫 2. 建築藝術 3. 日據時期
733.08   102017314

ISBN-978-986-322-479-2

9 789863 224792

臺灣歷史與文化研究輯刊
三 編 第十七冊
ISBN：978-986-322-479-2

日治時期臺灣建築彩繪瓷版研究
——以淡水河流域爲例

作　　者　康格溫
總 編 輯　杜潔祥
出　　版　花木蘭文化出版社
發 行 所　花木蘭文化出版社
發 行 人　高小娟
聯絡地址　235 新北市中和區中安街七二號十三樓
　　　　　電話：02-2923-1455 ／傳眞：02-2923-1452
網　　址　http://www.huamulan.tw 信箱 sut81518@gmail.com
印　　刷　普羅文化出版廣告事業
初　　版　2013 年 9 月
定　　價　三編　18 冊（精裝）新臺幣 40,000 元

日治時期臺灣建築彩繪瓷版研究
——以淡水河流域爲例

康格溫　著

作者簡介

康格溫（Kang Ger-Wen），新加坡國立大學漢學（中文）系歷史學博士，新加坡李氏基金學術金獎得主。專注於藝術史與社會文化史研究，領域包括明代史、華人民俗與藝術、裝飾符號的跨海傳播等，業已出版多篇學術論文和三部專書：《南海明珠天福宮》（合著）、《新加坡方言童謠選集》（合著），*Decoration and Symbolism in Chinese Architecture:understanding Singapore's historic temples and clan houses*。

現爲新加坡國立義安理工學院中文系副系主任、新加坡國家文物局暨古蹟保留局特約研究員。

提　　要

建築彩繪瓷版可謂是日治時期的臺灣傳統建築之重要代表，而彩繪瓷版之建築正是將海洋文化身世之紋樣與東方傳統建築空間結合的典型。其起源於中東地區，受到唐代中國的影響，藉由阿拉伯人的傳遞而進入歐陸，而於十九世紀輾轉進入日本，再藉由日本於東南亞洲地區的強勢影響與殖民，使得彩繪瓷版大量輸入臺灣，在臺灣的建築上蔚為風潮，影響了臺灣傳統建築的裝飾元素，在臺灣的建築史上寫下重要的一頁。因此，本研究即探討彩瓷在歐洲、亞洲之傳佈與遞變，與彩繪瓷版在中國東南沿海地區之經濟貿易發展中所扮演之角色，以及建築彩繪瓷版在臺灣建築裝飾史上的重要角色和地位。

為深究日治時期北臺灣淡水河流域在建築上的彩繪瓷版裝飾，其在臺灣傳統建築運用上所產生之象徵意義，與所代表之文化內涵，本研究乃針對在淡水河流域有使用彩繪瓷版的民居、街屋、廟宇、墳墓等處，從事的田野調查與研究整理，此外，並針對淡水河流域沿岸彩瓷建築的興起、裝飾意涵、文化意義，及紋飾象徵，而做深入的調查研究與藝術風格的分析。更進一步研究彩繪瓷版在閩式傳統建築上所演繹的美學意涵與文化象徵，並探討彩繪瓷版在臺灣製作上的過去與未來，透過以實際田野調查與空間史觀的對照，做全面性的研究與分析，並進一步證明彩繪瓷版的確在東方美學觀點的建築上曾經產生深刻的影響。

謝　辭

　　本篇論文全文將近 12 萬字，完整的寫作時間共計超過二年的光景。在過程中，給予我最多智性的啓發與理性的建議的，是我最尊敬的指導教授──俞美霞博士。爲了追求嚴謹，教授曾經親自帶領我做田野調查，亦曾經無數次的在適當的時機給予我鼓勵與激發。若沒有教授的包容與智慧，耐心與指引，便不會有這篇論文的順利完成。

　　在筆者論文的撰寫過程中，有幸可以得到口試委員林保堯教授、曾肅良教授的寶貴意見，才能使得筆者的研究可以更加精進，在此要致上深深的感謝。

　　在本研究的撰寫過程中，台灣史的主體架構與研究的方法，使得筆者在研究過程中，能夠精確的掌握思考邏輯，並且得到全觀性的理解。此外，在必要時，我必須在田調中與長者以日文攀談，甚或必須閱讀部份日文的報章資料以補中文文獻之不足，當其時，我才赫然明瞭所長張勝彥博士爲我們規劃課程內容的遠見與智慧。

　　在民俗藝術研究所的學習過程中，施翠峰教授與李乾朗教授除了給予我醍醐灌頂的學問上的言教之外，二位教授所身教於我的勤奮、謹慎的田調精神，亦使得我在做田野訪查時不敢有稍事懈怠之心。

　　在筆者親自做過無數的田野調查中，得到許許多多長輩、朋友、學友的幫助，亦讓我必須要由衷的向他們致謝，特別是我的學妹葉玟芳小姐。

　　在研究所就學的三年裡，最難忘的是那些坐在書房的窗下寫作，才剛送走晚霞，隨即又迎接朝陽的日子；而最要感謝的是我的父母與家人，只有上帝與我最知道我的父母與家人所給予我的愛和包容，是何等的綿密與偉大。

尤其是內子陳怡慧女士，在任何時刻都給予我最多的關心與陪伴，不論是艷陽下的田調；亦或是寒夜的苦讀，在順利時為我歡欣；在困頓時為我祈禱，在得意時提醒我；在挫折時鼓勵我，沒有她的照顧與扶持，我的論文與生活都將無法完成，如果這份論文將為我帶來任何的驕傲與榮光，我都必須與她共有、共享。

　　最後，我還要感謝我在天上的家人所給予我的看顧與庇祐，謝謝一切您們曾經給予我的愛，是您們使我發光，使我能夠看見更遠的地方！

目

次

第一章 序 論

第一節 研究動機與目的

　　建築彩繪瓷版，又稱馬約利卡瓷磚（Majolica Tile），最早起源於美索不達米亞平原，隨著伊斯蘭教的傳播與阿拉伯商人的貿易活動而流布到西、南歐洲的西班牙、義大利、荷蘭各地，後來經英國而輾轉傳至日本，再因為日本的殖民與經貿活動而傳遞至於台灣。但是彩繪瓷版在台灣的建築設計上蔚為風潮之前，早已成為世界的建築設計風尚，隨著世界經濟貿易與帝國主義的版圖擴張，彩繪瓷版亦隨之流傳至世界各個角落，今日在歐洲及美洲仍可以見到彩繪瓷版貼覆於建築物室內與外牆的裝飾。彩繪瓷版曾經風行全世界，其紋樣隨著流布地域的不同而具有海洋文化的身世，至今絕少有任何一種建築裝飾藝術可以有如此深厚的文化淵源與歷史足跡，並且傳佈風行於全世界，由此可見，彩繪瓷版在世界的建築、文化，與經濟貿易之發展歷史上均扮演著舉足輕重的角色與地位。

　　而建築彩繪瓷版是台灣傳統建築在日治時期建築裝飾的重要代表。在日治時期由日本大量傳入之後，的確對台灣的建築裝飾產生了極大的影響。遠溯自明鄭時期，以閩人為主體的漢人開始有系統的移民入台灣以來，即同時引入了閩人故鄉的傳統文化，其中包括了以磚瓦為主要建築材料的閩式傳統建築文化。然而，隨著 1895 年台灣割讓以後，在日本的建築文化與材料的移入影響之下，台灣也逐漸產生了以閩式傳統建築為本體，而加入了和式、洋式建築語言的折衷式建築，即以閩式風情為主體建築的構成，卻揉合了來自

歐洲、日本的彩繪瓷版作為建築細部的裝飾,使得建築物在本體上兼具了傳統精神與當代時尚,亦結合了具有海洋身世的紋樣與東方傳統美學觀點的建築空間,而彩繪瓷版正扮演著其中這個重要的媒介角色。

雖說以台灣的整體經濟貿易發展史而言,台灣的開發是由南向北逐漸發展起來的,然而北台灣的開發則以淡水河流域作為最主要的範圍。清朝統一臺灣後,在荷蘭人、鄭成功等開發台南平原及嘉義以南地區的基礎上向北部漸次拓墾。隨著閩移民越來越多,中部和北部的荒原也得到大量的開發。在康熙四十七年(1708)左右,著名墾號陳賴章申請開發大佳臘堡(即今日的台北市),台北盆地始開始得到大規模開發〔註 1〕,大小墾號和零星開發者紛紛絡繹而至,墾民們聚居在平地的中心地帶,在康熙末年的時候,以淡水河流域為主的相關支流腹地都已得到普遍的開發。特別是到了乾隆年間,淡水河口商船眾多,其鄰近的八里、新莊,甚或是上游的三鶯一帶,都因淡水河豐沛的航運量而有著富裕的經濟發展,造就了淡水河流域商業的興盛與優渥。直到乾隆中期,台北盆地的林口台地等條件較差的地區也都被開墾出來。到了道光年間的時候,甚至有「一府、二鹿、三艋舺」的說法,足以證明淡水河流域一帶在清代發展的興盛情況。

淡水河流域之沿岸城鎮,承繼著割讓前的良好經濟發展背景,在日治時期依然得到持續的富裕,藉著淡水河的運輸,使得深坑、坪林,以及大溪、三鶯一帶的茶葉、樟腦得以輸出,並且使得外地的人力技術以及資源可以輸入,也因此有著更為熱絡的經濟活動。而淡水河流域沿岸既有了豐富的經貿活動,自然也便於取得外來的訊息與資源,對於世界的風尚更能欣賞與接受,人們在重新建築街屋與住宅的同時,更容易將當時世界的流行裝飾——彩繪瓷版,作為房屋的室內與外牆的裝飾之用,以彰顯屋主獨特的品味與優渥的生活。

於是筆者著手開始研究探討淡水河流域沿岸聚落與彩繪瓷磚的關係究竟為何,而彩瓷在淡水河流域沿岸聚落的發展狀況何如,同時希望能夠整理出淡水河流域沿岸聚落彩繪瓷磚的興起始末,其中紋樣與美學的文化象徵為何,並且窺測其未來的發展動向。期望能夠藉由淡水河流域沿岸聚落的彩瓷研究,而對於北臺灣的彩瓷研究與整理能夠有所裨益,更能夠喚起世人對於

〔註 1〕 國分直一,邱夢蕾譯,《台灣的歷史與民俗》,台北市:武陵出版有限公司,1998 年 9 月二刷,頁 32。

彩瓷藝術的重視。

　　綜上所述，本研究即探討彩繪瓷版在歐洲、亞洲之遞變與傳佈，及彩繪瓷版在建築運用上所傳遞之象徵意義與其代表之文化內涵，甚至彩繪瓷版在經濟貿易發展中所扮演之角色，並針對在淡水河流域有使用彩瓷的民居、街屋、廟宇、墳墓等處，從事的田野調查與研究整理，此外，亦針對淡水河流域沿岸彩瓷建築的興起、風格特色、裝飾意涵、文化意義，以及紋飾象徵，做深入的調查研究與藝術風格的分析，並希望能夠進一步證明，彩繪瓷版在東方傳統美學的建築空間上所創生的深刻影響。

第二節　文獻回顧

　　關於彩繪瓷版的研究文獻極為有限，經蒐集整理之後發現，中外資料大多以彩繪瓷版的歷史為主〔註2〕，且多是記述其如何由中東輾轉傳佈到西方世界，亦或者是其在西方世界的發展沿革的情形〔註3〕，由於茫茫書海幅員遼闊，恐有疏漏之處，僅針對國內談到使用彩繪瓷版之建築，分別以論文、期刊與專著三類，整理羅列如下：

一、彩繪瓷版相關論文部份

（一）林世超，《澎湖地方傳統民宅裝飾藝術》，成功大學建築所碩士論文，民國八十五年

　　由成功大學建築所林世超先生所著民國八十五年畢業碩士論文中，採取建築實體調查與匠師訪談的方式，對於澎湖地區傳統民居建築的裝飾圖樣及其象徵意涵，做了分類的比較及剖析，認為傳統建築空間即表現在空間上的社會文化與心理認同，進而形成社會價值的共識，探討澎湖地區以本島為主的傳統民宅建築中出現的裝飾題材內容、寓意與其運用之原則，文中將澎湖地區傳統建築上的所有裝飾形式以圖樣類分成：人物故事、動物、植物、器物、抽象、文字等類型，並對於裝飾部位、裝飾立面類型與裝飾手法加以分析，對於澎湖地區傳統民宅建築裝飾的變遷做出歸納，並對於建築裝飾反映在社會文化與空間上的意涵做出結論與探討，在林先生所研究澎湖傳統

〔註 2〕 Noel Riley, *A History of Decorative Tiles*, Grange Books, 1998.
〔註 3〕 Ronald G. Pisano, *The Tile Club And The Movement in America*, Harry N. Abrams, Incorporated, New York, 1999.

建築上的諸多裝飾材料中，其中亦包含了彩繪瓷版的裝飾型態，但是其文並
不是爲針對澎湖地區傳統建築上彩繪瓷版所作的研究報告，所以對於彩繪
瓷版在澎湖地區傳統建築上的裝飾意義、表現的手法與文化的象徵的討論則
付之闕如，然而，澎湖地區之傳統建築上建築彩繪瓷版的使用豐富，並且是
在日治時期相當受到澎湖地區居民青睞的裝飾媒材，同時，澎湖地區位於
東亞沿海地區之航運要道樞紐，對於整體東亞地區之經濟貿易有著不容忽視
的重要地位，而彩繪瓷版又是世界經濟貿易交流中之重要代表，其在澎湖地
區的出現與流行之時尚，確實應該要受到世人重視與討論，而今卻無人做
出整理，殊爲可惜。然而林先生的研究的確是探討澎湖地區建築裝飾藝術的
重要論述，爲澎湖地區的建築裝飾藝術做出了相當的貢獻，本文亦受其沾溉
不少。

（二）蔡日祥，《日治時期台灣地區建築上使用彩磁裝飾之研究——以雲林、嘉義、台南地區傳統民宅為主》，淡江大學建築所碩士論文，民國九十年

在蔡日祥先生針對雲嘉南地區的彩瓷裝飾所做的《日治時期台灣地區建
築上使用彩瓷裝飾之研究——以雲林、嘉義、台南地區傳統民宅爲主》論文
中，整理出馬約利卡彩瓷的源流，彩繪瓷版裝飾的崛起，彩繪瓷版的演變，
以及彩繪瓷版在台灣地區的分布與運輸情形，文中探討擁有雲、嘉、南地區
傳統民宅建築上彩瓷者的社會地位，彩瓷在台灣雲嘉南地區的分布、種類、
紋樣涵義，以及雲嘉南地區傳統建築上使用彩繪瓷版裝飾的部位與手法。由
於蔡先生的論文設定是以雲嘉南地區的彩繪瓷版裝飾之民宅爲主要的討論對
象，故其文多以南台灣之雲林、嘉義、台南一帶的觀察角度出發，所著重的
亦偏向台灣南部的彩繪瓷版建築物的資料整理，對於台灣北部地區的觀照則
較少涉獵。然若是意欲深入研究雲嘉南地區的彩繪瓷版的建築裝飾，蔡先生
的論著亦實爲參考價值極高的研究，本文在研究建築彩繪瓷版的運輸與分布
結構時亦受益良多。

但是根據蔡先生的論文資料：「在台灣地區最早使用馬約利卡磁磚的建築
案例是在 1919 年建築完成的」〔註4〕，即蔡先生認爲台灣地區發現最早使用
馬約利卡瓷磚的建築案例是在 1919 年所建築完成，然而根據筆者對於北臺灣

〔註4〕蔡日祥，《日治時期台灣地區建築上使用彩瓷裝飾之研究——以雲林、嘉義、
台南地區傳統民宅爲主》，淡江大學建築學系碩士論文，2000年，頁39。

淡水河流域沿岸城鎮的現存的彩瓷建築所做的田野調查，發現其結果卻並非如此，北台灣的彩瓷建築的確有早於 1919 年者，根據新竹縣文化局的文獻資料指出，新竹縣峨嵋鄉的靈霞洞即完成於 1917 年，證實早於南台灣的 1919 年；另外，淡水河沿岸的彩瓷建築完成的時間其實亦有早於 1919 年者，例如位於深坑的永安居黃宅，即創建於大正元年（1912），其完成的時間則在於大正三年（1914）〔註5〕。證明淡水河流域沿岸的彩瓷建築確實亦早於雲、嘉、南地區的 1919 年，由此可見，以現存的彩繪瓷版建築而言，北台灣的彩繪瓷版建築發展是早於南台灣的彩瓷建築。又根據蔡日祥先生的論文中提及，日治時期的彩瓷輸入多由基隆港輸入，「自 1900～1939 年日本輸入台灣的陶瓷器大都是以基隆港為主要輸入地，1909 年以後基隆港輸入的日本陶瓷器製品，約佔日本輸台總量的 6～8 成。」〔註6〕此段文字說明了在日治時期彩繪瓷版的輸入是北部多於南部，故，北台灣淡水河流域沿岸地區彩繪瓷版建築的興建早於南部地區自然也是可以想見的，或許南台灣早於 1919 年的彩瓷建築已經頹圮，已無法得知其確實，但若以現存的彩繪瓷版建築說來，北台灣的建築彩繪瓷版確實具有其關鍵意義。

此外，根據蔡先生的研究，只提及澎湖島上的彩繪瓷版單獨由日本輸入，「日本陶瓷製品輸台的主要港口為基隆、安平、打狗、媽宮。」〔註7〕然而，本研究發現，澎湖地區遠從明、清時代即對台、廈的商業貿易、物資供應的依賴甚深〔註8〕，建築材料除了本地就地取材者外，亦多由大陸東南沿海一帶輸入，且在日治時期，澎湖馬公被設定為特別輸出入港，「主要與對岸之廈門、福州、汕頭、溫州等各港，藉戎克船進行貿易。」〔註9〕而其中廈門又是日本彩繪瓷版外銷的銷售地之一〔註10〕，由以上線索推斷，馬公港的彩繪

〔註5〕周宗賢，〈臺北縣第三級古蹟深坑黃宅永安居調查研究〉，《北縣文化》，1990年，頁4～16。

〔註6〕蔡日祥，《日治時期台灣地區建築上使用彩瓷裝飾之研究──以雲林、嘉義、台南地區傳統民宅為主》，淡江大學建築學系碩士論文，2000年，頁46。

〔註7〕同上註，頁47。

〔註8〕「澎地米粟不生，即家常器物，無一不待濟於臺、廈。」語出林豪，《台灣歷史文獻叢刊，澎湖廳志》，南投市：台灣省文獻委員會，1993年6月，頁306。

〔註9〕徐茂炫、黃登興，《日據時期台灣港口與貿易》，行政院國家科學委員會補助專題研究計畫成果報告，2001年10月31日，頁2。

〔註10〕堀込憲二，〈台灣光復前應用彩瓷溯源〉，繆弘琪主編，《流光凝煉方寸間》，台北立鶯歌陶瓷博物館出版，2003年1月，頁98。

瓷版輸入應當不只是從日本的進口而已，應有部分彩繪瓷版是由廈門進口。
本研究將於第三章第三節部分作深入的剖析。

二、彩繪瓷版相關期刊部份

（一）堀込憲二，〈金門地區傳統建築上使用彩瓷裝飾〉，《金門》，2002 年

由堀込憲二先生針對〈金門地區傳統建築上使用彩瓷裝飾〉所做的研究，
發表在《金門》〔註 11〕雜誌中，認爲馬約利卡瓷磚正是金門地區傳統建築裝
飾的特色之一，統計出金門民居中使用馬約利卡瓷磚的案例約有 77 戶，並歸
納出使用馬約利卡瓷磚的部位，計有：外牆之身堵、頂堵、水車堵等處，以
及墀頭、山牆規尾窗的「磬牌」部位。並且認爲金門地區的馬約利卡瓷磚多
數均來自日本，由日本製作輸出。其文對於馬約利卡瓷磚究竟是經由何種管
道進入金門，提出了三種可能性的說法：其一是自中國大陸地區而來，其二
是自日本或自台灣運送而來，其三是自南洋地區而來，但是文末認爲馬約利
卡瓷磚是自大陸運送至金門的可能性較高。

（二）堀込憲二，〈日治時期使用於台灣建築上彩瓷的研究〉，《台灣史研究》第八卷第二期，2001 年 12 月

堀込憲二先生在〈日治時期使用於台灣建築上彩瓷的研究〉〔註 12〕一文
中發表對於台灣地區與澎湖地區實地調查的有使用彩繪瓷版的建築，對於馬
約利卡瓷磚（Majolica Tile）、維多利亞瓷磚（Victoria Tile）起源與沿革有詳盡
的說明，又同時說明日本製造馬約利卡瓷磚的緣起及出口情形，並且探討了
台灣建築上使用彩繪瓷版的概況，說明了馬約利卡瓷磚在台灣建築上位置、
花色、圖案的大要，但是，其中舉例仍然以澎湖以及雲林、嘉義、台南爲主，
並未見到對於北台灣地區的田野調查資料。

此外，堀込憲二認爲日本製造的彩繪瓷版傳入台灣的時間「僅在 1920 至
1940 年左右的二十年間」〔註 13〕，而根據筆者在北台灣的實際田野調查中發

〔註 11〕 堀込憲二，〈金門傳統建築上使用彩瓷裝飾的研究〉，《金門》雜誌，2002 年，
頁 20～23。
〔註 12〕 堀込憲二，〈日治時期使用於台灣建築上彩瓷的研究〉，《台灣史研究》第八卷
第二期，2001 年 12 月，頁 65～95。
〔註 13〕 堀込憲二，〈台灣光復前應用彩瓷溯源〉，繆弘琪主編，《流光凝煉方寸間》，
台北立鶯歌陶瓷博物館出版，2003 年 1 月，頁 110。

現，深坑的彩繪瓷版建築——永安居，有著明白的創建年代，其創建於西元
1912 年，於 1915 年完工〔註 14〕，故，北臺灣的淡水河流域之彩繪瓷版之傳入
時間，要較此推論爲早。

　　同時，根據堀込憲二先生此文的探討，認爲馬約利卡瓷磚主要的紋樣是
受到幾何與新藝術（Art Nouveau）的影響，所以才有了當時在瓷磚上的動、
植物紋樣的設計，「瓷磚使用於傳統建築裝飾部位後，建築原本裝飾位置本來
的雕刻及繪畫所顯示的意義消失。」〔註 15〕但是，經過本研究的探討、比較
後發現，彩繪瓷版貼覆的位置均有所固定，而非隨意無目的貼覆，在經過
施作者有意的設計貼覆之下，其必然是具備與原本木雕、彩繪相關的文化意
義。故，原本在傳統建築上的裝飾意義並未如上文所言因彩瓷的貼覆而完全
消失，同時將在本研究第五章中有更進一步研究其轉化的論述。

三、彩繪瓷版相關專書部份

　　國內關於彩繪瓷版之專門書籍，乃由鶯歌陶瓷博物館出版者之《流光凝
煉方寸間——台灣與荷蘭老瓷磚展》，該書係由繆弘琪女士主編，探討的主題
爲荷蘭的白底藍色紋樣的彩繪瓷版，以及台灣的日治時期之彩繪瓷版，並提
出了其源流之梗概，與台灣現存之彩繪瓷版整體之介紹，對於台灣現存的彩
繪瓷版之紋樣之整理，其功不可沒，使得本研究在撰寫時，能夠得到最豐富
的參考資訊與最詳盡的彩繪瓷版之紋樣彙整。此外，對於台灣彩繪瓷版之紋
樣的紀錄與保存之功，更是不在話下。

　　綜上所述，在文獻的回顧中，最早的彩繪瓷磚來自信仰伊斯蘭教的中亞
地區，後來藉由十四、五世紀的阿拉伯人傳播到西班牙，隨後又在十七世紀
的荷蘭台夫特逐漸發達興起。在台灣方面，前人對於台灣在建築上之彩繪瓷
磚（又稱馬約利卡瓷磚 Majolica Tile）的研究論述有限，且前人的論述中又多
是關於離島金門〔註 16〕、澎湖〔註 17〕，或是以雲、嘉、南一帶爲主的南部地

〔註 14〕周宗賢，〈臺北縣第三級古蹟深坑黃宅永安居調查研究〉，《北縣文化》，1990
　　　　年，頁 9。
〔註 15〕堀込憲二，〈日治時期使用於台灣建築上彩瓷的研究〉，《台灣史研究》第八卷
　　　　第二期，2001 年 12 月，頁 79。
〔註 16〕堀込憲二，〈金門傳統建築上使用彩瓷裝飾的研究〉，《金門》雜誌，2002 年，
　　　　頁 20～23。
〔註 17〕林世超，《澎湖地方傳統民宅裝飾藝術》，馬公市：澎湖縣立文化中心，1999
　　　　年。

區彩繪瓷版〔註18〕，而對於北台灣的彩瓷研究，則付諸闕如，實為遺憾，同樣的，即使是台北縣立鶯歌陶瓷博物館在 2003 年 1 月所出版的《流光凝煉方寸間——台灣與荷蘭老瓷磚展》〔註19〕一書中，亦未曾見到對於北台灣的彩繪瓷磚之整理論述。

　　然事實上，據筆者調查，在北台灣地區出現的彩繪瓷磚多散見在重要的商埠碼頭為主，且自日治時期至今依然保有彩瓷的遺留，在淡水河系及其整個支系沿岸上均可以見到彩瓷建築的分布，由此更可以看出馬約利卡瓷磚曾經在北台灣盛行的痕跡，與其在台灣傳統建築的裝飾材質的轉換上所代表的重要意義。

　　根據以上的文獻回顧，本研究期待能夠提出個人觀點，探討出彩繪瓷版的文化象徵與其影響閩式傳統建築的關鍵內涵，並整理彩繪瓷版的經濟貿易地位，探究彩繪瓷版在北台灣的製作過去與未來，以就教方家。

第三節　研究方法

　　由於北台灣的彩瓷研究乏人整理，流失迅速，而其系統亦極為龐雜，是以本文運用多重研究手法交叉進行，期能深入探究彩瓷瓷版的範疇與內涵，至於其方法則可列舉如下：

一、文獻分析法

　　在本研究中，文獻分析法之應用目的，乃在於收集國內外對於彩瓷之研究論文，與淡水河沿岸發展之相關文獻，並對於上述二者之關係做歸納分析，進一步整理前人所做的相關研究，加以了解、釐清，且在通盤的了解之後，作為本研究之背景知識基礎。

二、田野調查法

　　於本研究之中，為蒐集正確之資料，將採用田野調查法，以實際拍攝原件照片之方式，為彩瓷留下完整的圖像紀錄之外，亦將以實際的親身訪查方

〔註18〕 蔡日祥，《日治時期台灣地區建築上使用彩瓷裝飾之研究——以雲林、嘉義、台南地區傳統民宅為主》，淡江大學建築學系碩士論文，2000 年。

〔註19〕 繆弘琪主編，《流光凝煉方寸間》，台北立鶯歌陶瓷博物館出版，2003 年 1 月。

式，採訪現有彩瓷建築或彩瓷相關的擁有者，並進行深度的訪談，以求能得到最正確的第一手資料。

從事的步驟如下：

（一）書目文獻調查與紀錄

閱讀統整有關本研究的相關論述文字資料，其中包括：

1. 台灣史籍文獻部份──以確定本研究之時間斷代與彩繪瓷版之國際與台灣本島內經濟貿易交流情形。
2. 淡水河沿岸城鎮與變遷部分──以釐清本研究確切之田調範疇。
3. 彩繪瓷版及傳統建築裝飾資料──以作為田野調查採集文獻資料之對照。

（二）選定田野調查範疇

待界定田野調查範疇之後，查閱淡水河流域沿岸城鎮之古今書籍資料，及其現今變動之概況，隨即進行逐一訪查。

（三）從事田野調查工作

訪查時，根據彩瓷建築現況進行勘查，紀錄之要點如下：

1. 彩瓷建築之擁有者──除了無人知悉或居住之彩瓷建築之外，一律予以記錄。
2. 彩瓷建築之完成年代──以釐清其是否為本研究所界定之日治時期。
3. 彩瓷所貼覆之位置紀錄。
4. 彩瓷圖樣之紀錄。
5. 彩瓷尺寸之紀錄。

此外，並將對所收集到的相關資訊做翔實的整理比對，落實各項的分析比較，以建構出完整的彩瓷紋飾歸納，及其在建築上位置意義之探討，同時，研究者亦將以開放的觀察角度，做客觀的研究，並提出深度的意義與象徵分析，亦希望以此實際而深入的訪查方式，可以為淡水河沿岸的日治時期彩繪瓷版留下最重要的整理資料與紀錄。

三、地圖調查法

本研究牽涉的是整體淡水河流域的沿岸城鎮發展與人文環境的變遷，採用地圖調查法主要是用以了解此一河系的地理分布與歷史演變，當界定彩瓷

建築當時的分布區域與彩瓷建築現存環境之對照時,即需要使用此方法做完整的對應比較,將彩瓷建築在日治時期與今日現況,以地圖調查法加以釐清分析,以進行最正確的判斷。

四、歷史溯源法

本研究涉及到日治時期大正至昭和年間的歷史斷代,必須以歷史比較分析的法則,將多次調查之材料加上歷史的追溯與比較,方可探索出淡水河系沿岸城鎮的彩瓷建築歷史變化情況,並從而考證出彩瓷建築在歷史縱軸中的分布現象,以期能更正本清源的找到最正確的史觀與最全面的觀照。

綜合進行以上的研究方法,以期能有效且正確的對於淡水河沿岸之彩瓷建築予以全觀的紀錄,並能重現彩繪瓷版在十九至二十世紀於國際舞台的重要地位與價值。

第四節　研究範圍

根據前人的研究及現存有的古蹟來看,台灣地區的北、中、南部均有彩瓷建築的分布。雖然新竹與苗栗交界的峨眉鄉靈霞洞,與中部的大台中地區(如沙鹿一帶古厝)亦可以見到彩繪瓷版的使用,只是現今深入研究的資料尚未見到,而南部已有前人所研究的雲林、嘉義、台南一帶的彩瓷整理,甚至在離島的金門及澎湖,亦可見到使用彩繪瓷版之建築的證據與研究,雖然前人亦有發表以研究台灣地區使用彩繪瓷版之建築的文章,但卻唯獨對於北部地區,特別是淡水河沿岸城市使用彩瓷之建築的相關研究卻乏人問津,疏於整理。

故,本論文之研究範圍將空間範疇與時間範疇界分如下:

一、以空間方面而言

本研究乃以北台灣地區之淡水河主流與其支系流域沿岸的聚落爲主要的研究範圍,即除了淡水河沿岸聚落外,田野調查的對象也以從過去到現在的淡水河流域的城鎮爲範疇,計分爲:淡水河流域聚落、基隆河流域聚落、新店溪流域聚落、大漢溪流域聚落等。若是以行政區域來劃分,即包括了今日的五個縣市區域範圍如:基隆市全境、台北市全境,與台北縣的三峽鎮、鶯歌鎮、樹林鎮、土城鎮、板橋市、三重市、新莊市、蘆洲鄉、五股鄉、八里

鄉、淡水鎮、新店市、深坑鄉、汐止鎮、瑞芳鎮、平溪鄉、泰山鄉、石碇鄉、坪林鄉、中和市、永和市，以及桃園縣復興鄉、龍潭鄉、大溪鎮、龜山鄉，與新竹縣的尖石鄉、關西鎮等地域。

二、以時間方面而言

　　彩瓷主要傳入的時間即為日本統治期間（1895～1945），但是由於後期進入備戰時期的影響，彩瓷的製作與輸入受到阻礙，所以彩瓷的傳入多以 1920～1940 之間為主，現存的日治時期的彩繪瓷版的建築亦多以該時期之前後為多。因為當日本成功的改良瓷磚製造技術並模仿英國的維多利亞瓷磚成功之後，便大量的將彩瓷傾銷至東亞及東南亞各國，而台灣當時正是日本的殖民國，故也大量的接受了使用彩瓷的風尚，進而形成了新的、有別於閩式傳統的建築風格，並且也同時創造了彩繪瓷版在漢人建築上的使用風格，於是，此一時期便是彩繪瓷版在台灣建築上開始寫下歷史的重要時期，故，日治時期的五十年當然就是研究彩繪瓷磚的關鍵階段。

　　因此，本研究將以淡水河流域沿岸聚落在日治時期（1895～1945）發展的歷史做為時間之縱軸，再以淡水河及其三大支系流域沿岸聚落作為田野調查的橫向空間範疇，以此橫軸與縱軸的交互重疊之處，展開彩繪瓷版之美學文化與紋飾符號的深入研究與探討。

第二章 彩繪瓷版的興起與流布

　　彩繪瓷版在世界舞台上的開始，根據 Noel Riley 的彩繪瓷版研究著作 *A History of Decorative Tiles* 中的說法，是由八世紀中葉時，美索不達米亞平原地區的陶工們為了模仿中國的陶瓷而意外研製成功了一種新的陶瓷，進而將之使用在回教的清真寺建築上，再隨著回教及阿拉伯人的傳布而散布至南歐、西南歐，又由西北歐的英國再傳佈至日本，最後，由日本再傳到台灣，在台灣的建築物上與歐陸的建築體上同時發熱、發光，將台灣的建築裝飾構件與國際的時尚同步接軌，然而，有關彩繪瓷版的定義與歷史沿革，以及彩繪瓷版於世界經濟貿易交流史上的角色定位為何，其在建築上的文化象徵又是如何，與彩繪瓷版在北台灣的最初起源為何，本章將論述如下：

第一節 彩繪瓷版的定義

　　彩繪瓷版源自美索不達米亞平原所興起之伊斯蘭教地區，最初在西元九世紀後期於伊斯蘭教的清真寺建築上使用了大量的彩瓷〔註1〕，由於伊斯蘭教禁止偶像的崇拜，所以影響到後來的彩瓷圖案多具有幾何或花草紋樣，並且呈現五顏六色，斑斕奪目的色彩。其製造技術藉由阿拉伯人傳到其周邊鄰近地區。如西班牙的建築即在十一世紀左右開始使用馬賽克瓷磚，同時，西班牙因此發展出上具有西班牙風格的「馬又利卡瓷磚」（Mayolica Tile 或是 Maiolica Tile），再由西班牙人傳至義大利，逐漸地，又由義大利傳播至其周圍的鄰近國家，於是在法國、荷蘭也發展出相似的瓷磚，在法國的彩繪瓷版

〔註1〕 Noel Riley, *A History of Decorative Tiles*, Grange Books, 1998, p.19.

因爲是經由義大利北部一個名叫「Faenza」傳來的，這是一座至今仍以製作彩繪陶瓷聞名的城市，故稱爲「法恩斯瓷磚」（Faience Tile），在荷蘭者因爲最初是傳至 Delft，遂稱爲「台夫特瓷磚」（Delftware Tile），在英國者則稱爲「維多利亞瓷磚」（Victoria Tile），以上這些瓷磚又被泛稱爲「馬約利卡瓷磚」（Majolica Tile）。由文獻上的資料可知，當這些美麗的瓷版在中東地區與世界各地區傳播時，亦通常被稱爲 Decorative Tiles，或是 Polychrome Tiles，中文譯爲「裝飾瓷（磁）磚」，或是「彩繪瓷（磁）版（磚）」。

日本在明治維新（1868）的西化運動推進下，大量模仿西方的生活、建築、品味，也在同時接受了英式風格的「維多利亞瓷磚」（Victoria Tile），並在二十世紀成功的仿製且改良成功，而本文所要探討的彩繪瓷版（馬約利卡瓷磚 Majolica Tile），即是日本模仿、改良英國「維多利亞瓷磚」後，所製造的建築彩繪瓷版。

值得注意的是，早期波斯地區的彩繪瓷版，形狀上並不侷限於方形，除了長方形、正方形之外，還有星形等等許多形狀，尺寸也由直徑 8 英吋（20cm）至直徑 30 英吋（76cm），除了平面上色上釉之外，亦有立體浮雕者，西班牙與義大利的彩繪瓷磚亦然，到了荷蘭製造的「台夫特瓷磚」，其尺寸多約爲稍小的 13×13cm，且色彩多爲白底並繪上藍色紋樣，即使偶有褐、黃等顏色，而其瓷版亦多爲平面者，並且多用手工以單片繪製。然而英國所製作的「維多利亞瓷磚」尺寸多爲 6×6 英吋（15.2cm×15.2cm），色彩多樣且不拘於白底藍色線條紋樣，製作方式亦多元，若是經由模版轉製，則可以大量製造，瓷版的表面除了平面者之外，亦多可見到凸面立體的表現方式，而因爲日本所模仿的即是英國的維多利亞瓷磚，故台灣所見到日本生產的彩繪瓷磚其尺寸亦多數爲 6×6 英吋（15.2cm×15.2cm），且色彩與表現手法亦多所雷同。

本研究所討論的彩繪瓷版亦以日本製作的 6×6 英吋（15.2cm×15.2cm）爲主，以及少部分用於邊緣的 3×6 英吋（7.6cm×15.2cm）彩繪瓷版，或是轉角所使用的 3×3 英吋（7.6cm×7.6cm）的小型轉角瓷磚。根據堀込憲二的研究，以上前三種的彩繪瓷版在明治末期至昭和時代第二次世界大戰前，日本的瓷磚公司均有從事製作〔註2〕，本研究除了探討大正時期以色彩多元且不論

〔註2〕 堀込憲二，〈日治時期使用於台灣建築上彩瓷的研究〉，《台灣史研究》第八卷第二期，2001 年 12 月，頁 72～74。

平面或立體浮雕表現方式者之外，亦包括了昭和年間流行的白底平面 5×5 英吋（12.6cm×12.6cm）的釉上彩繪瓷版。

第二節　馬約利卡瓷磚的歷史沿革與地域分布

陶瓷器在歐洲的使用已有悠久的歷史，但是瓷磚在建築上的使用卻是從西元九世紀後期以來才出現。根據前人的研究，關於馬約利卡瓷磚的起源有以下三種不同的說法。

其一是「歐洲人想模仿中國的白瓷，但因為當地土質的關係，胚體燒出後呈現為褐色的素面陶瓷，所以在胚體表面再上一層白釉，然後再塗上色彩畫作圖案，這就是馬約利卡的起始。」〔註3〕

其二是「在八世紀中期，中國的白瓷器皿輸入美索不達米亞平原，美索不達米亞平原的陶工開始仿製中國的白瓷器，儘管他們並不知道真正的中國白瓷器是如何製造的，但因當地土質的關係，使焙燒後的胚體呈現褐色，但陶瓷工人們，利用不透明的白色錫釉覆蓋在素面的胚體上，產生了與中國白瓷相似的陶器。」〔註4〕

第三種說法則是根據 Noel Riley 所著 *A History of Decorative Tiles* 一書的敘述，我們可以更清楚的知悉，彩繪瓷版為何起源於中東地區，而伊斯蘭文化地區所創造的彩繪瓷版確實是曾經受到中國陶瓷的影響。以下將該書中的論述摘要如下：

「原因是因為八世紀中期伊斯蘭地區打敗了一支中國的軍隊，佔領了當時波斯人的領域，使得中國唐朝的文化與伊斯蘭的文化開始交流，中國的戰俘將中國的製作陶瓷的技術介紹給了當時美索不達米亞平原的人們，使當地的人開始認識了中國的陶瓷，接著，高品質的中國陶瓷開始藉由海運與陸上的絲綢之路被運到中東地區。又隨著中國的陶瓷器皿在美索不達米亞地區受到大量的需求與歡迎，工匠們亦由於王公貴族們的高價鼓勵，紛紛設法仿製中國的陶器與瓷器。即使美索不達米亞的陶工們始終無法研究發現製造中國陶瓷的真正方法，但是他們卻意外的生產出了一種在外覆蓋著不透明錫釉以

〔註3〕堀込憲二，〈台灣光復前應用彩瓷溯源〉，繆弘琪主編，《流光凝煉方寸間》，台北立鶯歌陶瓷博物館出版，2003 年 1 月，頁 96。

〔註4〕蔡日祥，《日治時期台灣地區建築上使用彩瓷裝飾之研究——以雲林、嘉義、台南地區傳統民宅為主》，淡江大學建築學系碩士論文，2000 年，頁 18。

及透明鉛釉的米褐色陶器。

在顏色的技術上，最初是以藍色與綠色爲主，後來也開始有紅色、咖啡色以及黃色；在紋樣的設計上，多以波浪紋、點紋、交叉陰影紋、植物的花紋，或是線繪的公雞及老鷹紋等等」〔註5〕。

不久後進而發展出了屬於他們自己的伊斯蘭風格的彩繪瓷版，並且應用在伊斯蘭文化的建築上，尤其最早的彩繪瓷版的運用即是使用在西元九世紀後期的清眞寺建築上（The Great Mosque of Kairouan）〔註6〕，位於突尼西亞（Tunisia）。直到今日，在伊斯蘭文化世界的清眞寺建築上依然可以見到大量使用彩繪瓷磚。

又受到回教文化以及傳播的影響，其周邊相關地區也開始擁有了彩繪瓷磚製作的技術，其所製作出的彩繪瓷版各自有不同的稱呼。但多被泛稱爲「馬約利卡瓷磚」。

西班牙南部地區受到伊斯蘭文化與基督教文化交互的接觸之影響，在十一世紀時開始有瓷磚的製作，然而在十三世紀的西班牙 Malaga 才開始有規模的大量製造。再藉由 Malaga 的輸出而將彩繪瓷版的製作技術傳布至西班牙境內及輾轉傳遞至歐洲的其他地區，並且又各自影響到其他的地區或國家。如前文所述，西班牙傳入了義大利，在義大利的北端的城市 Faenza 發揚光大，接著傳入了鄰近的法國、荷蘭、德國、奧地利，甚至北傳至於斯堪地納維亞半島的北歐的丹麥等等，傳到法國者，在法國形成了法恩斯瓷磚（Faience Tile）；傳到荷蘭者，在荷蘭形成台夫特瓷磚（Delft Tile），而西班牙本地的彩繪瓷磚便西傳入葡萄牙，隨著西班牙、葡萄牙人的登上美洲大陸而傳入了美洲，在墨西哥地區發揚光大；傳至荷蘭的彩瓷製作技術，又經由荷蘭人再傳至英國，所以馬約利卡瓷磚在英國被英國人稱之爲台夫特瓷磚，便是因爲台夫特即爲當時的荷蘭主要製造彩繪瓷磚的城市之名。

以上的傳佈沿革可以由下圖（貳-二-1）作爲說明：

〔註5〕 Noel Riley, *A History of Decorative Tiles*, Grange Books, 1998, pp. 20~21.
〔註6〕 同上註，頁21。

貳-二-1　美索不達米亞平原

```
┌─────────────────────┐
│    美索不達米亞平原      │
└─────────────────────┘
          │
          ▼
┌─────────────────────┐
│      拜占廷帝國         │
└─────────────────────┘
          │
          ▼
┌─────────────────────┐
│       西班牙           │
└─────────────────────┘
      │         │
      ▼         ▼
┌──────────┐  ┌──────────┐
│  義大利    │  │  葡萄牙    │
└──────────┘  └──────────┘
  │  │  │         │
  ▼  ▼  ▼         ▼
┌────┐┌────┐┌────┐ ┌──────────────────┐
│奧地利││德國││法國││荷蘭│ │ 中南美洲（墨西哥）  │
└────┘└────┘└────┘ └──────────────────┘
              │
              ▼
           ┌────┐
           │ 英國 │
           └────┘
        │         │
        ▼         ▼
     ┌────┐    ┌────┐
     │ 北歐 │    │ 日本 │──┐
     └────┘    └────┘  │
        │      │   │   ▼
        ▼      ▼   │ ┌────┐
  ┌──────────┐┌────┐│ │中國│
  │英國殖民地、美國││台灣│└┐└────┘
  └──────────┘└────┘ ▼
                   ┌────┐
                   │東南亞│
                   └────┘
```

　　彩繪瓷版在十六世紀中葉傳入英國以後，在十七、八世紀的英國蔚為風潮，接下來，拜英國工業革命的發達之賜，英國在荷蘭的台夫特瓷磚的基礎上也開始製造彩繪瓷磚，英國更隨之創造了屬於英式風格的「維多利亞瓷磚」

（Victoria Tile），並藉由十八、十九世紀的移民潮而將彩繪瓷磚的裝飾藝術移轉進入了美國，故，在今日的美國亦可以見到彩繪瓷版被廣泛的使用，並且還由美國人自己發展出了屬於美國的彩繪瓷版藝術。

十八、十九世紀是帝國主義的時代，歐陸生產彩繪瓷版的帝國主義國家藉由佔領、移民、殖民或是強勢的貿易行爲下，將其原本的生活方式、宗教習慣與語言文化等等輸入至被殖民國。東亞諸國，在面對歷經產業革命的洗禮後，再次東來的西歐列強時，弱小的國家紛紛淪爲殖民地，如荷蘭之於印尼；西班牙之於菲律賓；法國之於越南；英國之於斯里蘭卡、孟加拉、巴基斯坦、印度、馬來西亞、新加坡和香港。故，在今日的東亞與南亞地區，都可以見到歐陸文化在東南亞地區社會上、文化上、建築上，以及裝飾美學上所留下的影響。故，除了在英國本地銷售外，輔以十八、十九世紀的海上強權或是強勢貿易的推波助瀾之下，英國也開始向世界各殖民國與貿易國傳播此類瓷磚。

日本因爲西化運動，而向英國與歐洲文明學習，並同時學習其生活方式與建築型態，因此將英國的維多利亞瓷磚引入了日本，在日本不受到歡迎的前提下，日本也開始同歐陸列強一樣向殖民國傾銷過剩的彩繪瓷版，卻意外的在閩式傳統建築文化圈中受到青睞，其中當然可以台灣做爲代表。

以上就是彩繪瓷版在世界各地均可見到，且受到多數人喜愛，進而使用在許多建築物及家具上的起源。

第三節　彩繪瓷版在世界貿易交流中所扮演的角色與地位

彩繪瓷版在世界舞台上的演出開始於西元九世紀，當其流布於不同的文化圈時則代表了不同的裝飾意涵，本節將探討彩繪瓷版在世界文化史上的所掀起的潮流與其所標的出的文化表徵。以下將由彩繪瓷版在使用的時間遞進上，與彩繪瓷版的作用與文化象徵上分成兩部分以爲論述。

一、彩繪瓷版的使用在時間面的遞進

彩繪瓷版最早是在八世紀後期因唐朝的軍隊而傳入中東地區，後來經過美索不達米亞平原陶工們的模仿、研究，而創生出一種並不同於中國白瓷的新的陶瓷，在九世紀時，已開始使用在清眞寺的建築物上。

　　在十一世紀時，西班牙南方地區已有彩繪瓷版的製造，但是有規模的製造要到十三世紀的 Malaga，十三、四世紀時在西班牙的重要建築物的牆面與人行步道上已有了彩繪瓷版的使用。藉由 Malaga 的港埠輸出，彩繪瓷版得以外銷到義大利及歐陸其他地區。

　　義大利人是在十一至十二世紀左右開始受到西班牙的影響而開始有了彩繪瓷版的製造，因為他們是藉由一座稱為「Majorca」的島嶼而認識彩繪瓷版的，故而義大利人將之稱為「Maiolica」瓷磚，西班牙的彩繪瓷版在 1450 年前後的時期在義大利特別受到歡迎，尤其是貴族們還將之做為品評地位身份的象徵〔註7〕。也就是在此時，義大利人開始普遍認識並且接受彩繪瓷版，到了十五世紀晚期的時候，義大利人製造「Maiolica」瓷磚的技術也達到頂峰。而最重要的是，彩繪瓷版也在此時參與了義大利的文藝復興時期的盛事，接受了義大利當時的在經濟、文化、社會價值、藝術的美感追求的變化，並且在此時，首次在歐洲的陶瓷史上，精緻的、製作精良的彩繪瓷版被評價為等同於珍珠、銀飾一般珍貴的藝術品。

　　到了十六世紀初期，義大利人已經將彩繪瓷版提升至具有重要藝術價值的層面，彩繪瓷版也成為貴族們競相爭取收藏的藝術品〔註8〕，義大利人製造彩繪瓷版的技術更上層樓，並且發展出屬於義大利的特殊風格，在義大利的北部也興起了以製造彩繪瓷版出名的城市，其中以 Faenza 最重要，到今天，Faenza 都是義大利北部的重要彩繪瓷版的生產城市。隨著彩繪瓷版在十六世紀的世界舞台上大放異彩，義大利出口的不只是彩繪瓷版，同時有著精良製造技術的陶瓷工人也隨之傳佈於歐陸各地。

　　十六世紀中期時，法國籍曾在義大利 Faenza 工作過的陶工將義大利的彩瓷技術引進了法國，由 Faenza 引入法國的彩瓷技術所製造的彩瓷就稱為法恩斯瓷磚（Faience Tile）。也在同時期，一向與義大利北部城市保持良好、密切貿易關係的德國南部以及奧地利、瑞士等國，均開始有了使用彩瓷的風尚。

　　十六世紀的後期，彩瓷的製造技術傳入了荷蘭，在荷蘭也興起了一股風潮，其中也產生了許多以製造彩繪瓷版聞名的城市，其中最重要的莫過於Delft，荷蘭的陶工們不但兼融西班牙與義大利之長，同時也取法東方的中國

〔註7〕 Noel Riley, *A History of Decorative Tiles*, Grange Books, 1998, p. 44.
〔註8〕 Susan Tenaglia, "Magnificent Majolica", *The World & I. Washington*: Dec 1999. Vol. 14, Iss. 12, p. 104.

瓷，於是荷蘭也創造出了屬於荷蘭風格的彩瓷。

也約在十六世紀的後期同時，著名的荷蘭陶工將荷蘭的彩瓷製作技術介紹給了英國的皇家，到了十七世紀初期，已經有英國的商人開始在英國大量的製造彩繪瓷版。十七、十八世紀時，英國的彩繪瓷版製作技術隨著工業革命的興起而日益精良，從而發展出屬於英國的彩繪瓷版製作技術與風格，稱之爲「維多利亞風格彩瓷」（Victoria Style Tile），或者「維多利亞瓷磚」（Victoria Tile）。

到了十九世紀，英國人開始佔領、或移民至美國及其他東、南亞洲等地區，並將彩繪瓷版的製作技術與裝飾文化輸出到這些地區，於是美國及東、南亞洲等地也開始有了彩繪瓷版的裝飾藝術。

十九世紀後期，日本的文化開化運動使得日本人將英國的彩繪瓷版引進了日本，但是到了二十世紀初期日本人才模仿製作成功，接著在日本銷售碰壁後，從而將彩繪瓷版銷售到喜愛鮮豔建築裝飾的華人聚集地區，與東南亞地區，甚至是中東及非洲地區〔註9〕。當然，也包括日本當時的殖民地——台灣，故，彩繪瓷版進入台灣的時間，應當在日治時期的 1915 年前後，而根據筆者的田野調查，目前北台灣現存最早的彩繪瓷版建築即是完成於 1914 年的深坑永安居，此正說明了時間上的對應關係。

於是，彩繪瓷版正式從世界貿易的交流舞台中躍入台灣，成爲台灣傳統建築的裝飾媒材之一，並在匠師們、屋主們有意的設計，在以文化爲前提的使用與貼覆下，影響了台灣原本的閩式建築的裝飾手法，重塑了台灣閩式傳統建築的文化意涵與美學符號。

二、彩繪瓷版的作用與文化象徵

（一）祭祀與宗教作用

現存最早的彩繪瓷版的使用是在西元九世紀的清眞寺建築（The Great Mosque of Kairouan）上，然而而根據 Noel Riley 的論述，在波斯地區的彩繪瓷版多用於宗教性的用途之上，如朝拜用的壁龕之上，或是貼覆在墓碑、墓石、墓室的裝飾之上，「從十二世紀後，彩繪瓷版（通常爲藍色及黑色），已經用來裝飾清眞寺穹隆的外部磚造部份及其他重要建築物，但是十三世紀

〔註 9〕堀込憲二，〈日治時期使用於台灣建築上彩瓷的研究〉，《台灣史研究》第八卷第二期，2001 年 12 月，頁 84。

後，彩繪瓷版也被用來裝飾清眞寺牆上或房間中指向麥加方向的壁龕（mihrab）。」〔註10〕這面朝向麥加方向的壁龕，是所有的清眞寺都必須要有的格局，也是所有祈禱者在禮拜過程的焦點，具有重要的宗教意義。

　　而以東正教爲主要信仰的拜占廷地區，其所使用的彩繪瓷版多用於建築的屋簷、柱體等位置。受到與伊斯蘭文化交流的交互影響，且大部分拜占廷地區的彩繪瓷版多使用於教堂、修道院中，並且與祭祀的儀典有關，通常是以許多片彩繪瓷版整齊排列，並在其上繪出與聖母、聖嬰相關的花色圖樣，或是繪製具有宗教意義的故事在許多片所組合的彩繪瓷版之上，使其構成爲一整面大型的巨幅圖畫，此外，拜占廷地區亦有將彩繪瓷版使用在祭壇周圍的裝飾之上者，因爲祭壇是教徒們向天上的神祇心意溝通的媒介之處，具有重要的中介意義，而以華麗的彩繪瓷版做爲裝飾，故其所代表的宗教意義至爲重要。

（二）裝飾用途

　　伊斯蘭教的清眞寺建築上除了壁龕之外，彩繪瓷版也被設計用來作爲建築物上的幾何裝飾、花卉，與書寫可蘭經文的書法裝飾，阿拉伯文字被用於建築物上的紋樣裝飾是伊斯蘭藝術裝飾的獨特風格，伊斯蘭建築的裝飾華麗，圖案飽滿，「此種的裝飾風格也反映了伊斯蘭的信仰與文化觀念是反對偶像崇拜，並認爲眞主是獨一無二的，因此對於清眞寺的裝飾要求更爲嚴格」〔註11〕。

　　波斯地區亦有少數是將彩繪瓷版使用在非宗教的建築上，以作爲純粹的裝飾用途，如貼覆在宮殿上以展現華麗、高貴，或用在大眾的浴池以美化浴池的周圍。

　　在西班牙的彩繪瓷版多貼覆在重要的建築物的外部牆面與人行步道上，西班牙的南部地方則多把彩繪瓷版貼覆在建築物內部的裙堵、墩身（dado）之上，多用於純粹的裝飾用途，此外，在西班牙的彩繪瓷版亦有用作家具的裝飾之用。

（三）彰顯財富與地位作用

　　十五、十六世紀時，義大利地區的彩繪瓷版與文藝復興的政治、經濟，

〔註10〕 Noel Riley, *A History of Decorative Tiles*, Grange Books, 1998, pp. 23~24.
〔註11〕 姚維新，〈大馬士革古建築與伊斯蘭建築藝術〉，《阿拉伯世界》，1995年第二期，頁66。

與藝術氛圍有著密不可分的關係。義大利地區的人們，喜愛將平面或立體浮雕的彩繪瓷版裝飾於建築物的正面牆面（如佛羅倫斯的 Ospedale degli Innocenti）〔註12〕、內部牆面、天板，以及教堂的地板，其目的是作爲彰顯彩繪瓷版擁有者的地位與財力。亦即在十六世紀的義大利人通常使用彩繪瓷版作爲宗教地位或是政治權力的展示用途，貴族們以彩繪瓷版作爲財富競爭的指標，競相展示自己擁有的彩繪瓷版的華麗與藝術價值。

這些珍貴的彩繪瓷版通常也反映、紀錄了當時義大利人的文化、生活與品味，神話故事與古代希臘及羅馬時代的文學作品是相當受到歡迎的題材。其餘的彩繪瓷版則反映了當代的生活狀態與當時的政治紛亂。當然也記錄了當時最具有代表性的著名人物。

德國彩繪瓷版的製造受到荷蘭陶工的影響最多，德國皇家陶瓷工廠在十八世紀開始大量的製造室內的裝飾彩瓷。在十八世紀的後半時期，德國人多將彩繪瓷版用以裝飾皇宮或是地主莊園的室內牆面，或是作爲重要的地面裝飾，同時，富豪也會爭相用以裝飾室內空間，以展現擁有者的高貴品味與地位。其紋樣上多以綠色、褐色鉛釉的幾何圖案爲主，在丹麥也有著類似的情形。

（四）教育用途

而根據荷蘭西菲仕蘭博物館館長 Ruud Spruit 的文章中可以得知〔註13〕：十六、七世紀荷蘭的瓷磚多使用於室內，是當時流行的室內裝飾材料，在那個大眾普遍缺乏圖畫裝飾的年代，彩繪瓷版在荷蘭被用爲居家裝飾的主要材料，除此之外，瓷磚也被用來作爲一般家庭閒暇時，年長者對於孩童說故事的題材，故，在荷蘭的彩繪瓷版上多被繪以聖經中的宗教故事，或是神話、野獸的傳說。於是，彩繪瓷版在荷蘭除了作爲室內的裝飾，與維持環境衛生的必備建材之外，亦同時具有教育與娛樂的功能。

（五）生活實用

荷蘭人在十六世紀接受了陶瓷上錫釉的技術之後，彩繪瓷版很快的便在荷蘭開始風行開來，因爲荷蘭的潮溼天氣使得建築物的牆壁很容納飽吸水份，「爲了使牆壁牆壁不受水漬之害，人們在牆上鋪滿了瓷磚，不然就至少在

〔註12〕 Noel Riley, *A History of Decorative Tiles*, Grange Books, 1998, pp. 49~51.
〔註13〕 Ruud Spruit，〈荷蘭室內瓷磚〉，繆弘琪主編，《流光凝煉方寸間》，台北立鶯歌陶瓷博物館出版，2003 年 1 月，頁 15。

牆腳處鋪上一層；壁爐也鋪上了瓷磚，以便清除煤灰。」〔註 14〕由於十六、十七世紀的荷蘭人很重視保持居家環境衛生的重要性，而瓷磚的貼覆使用正可以維持牆壁不受到潮濕而腐蝕，所以荷蘭人通常將「彩繪瓷版用來裝飾在廚房、乳品間，並鋪在牆壁易遭腐蝕或破壞的地方，例如壁爐和門的四周。」〔註 15〕

十八世紀彩繪瓷版在英國主要用途是為了使壁爐周圍易於清潔，並且美化壁爐的周圍。在英國彩繪瓷版其餘的用途也有同於荷蘭用於乳品間者，除此之外，此時期也有用於浴池的側邊者，大型或室內的泳池的周圍及地面也會使用此類彩繪瓷版作為裝飾，較為特別的是，在英國的彩繪瓷版也有用來作為商店的招牌者。於是，在十八世紀的此時，英國的彩繪瓷版不再只是用來展現富裕，而更走向實用主義的精神，以作為實用的藝術。

至於模仿歐洲生活方式的日本，其使用彩繪瓷版的方式多同於英國，較多是作為室內壁爐的使用，或是用於浴室。因為日本的民族性低調，在民居建築的裝飾上也多傾向低彩度的設計，多元、亮麗色彩的彩繪瓷版在日本很難受到一般普羅大眾的青睞，進而較少使用在建築的裝飾上。

（六）藝術創作用途

十九世紀的美國，除將彩繪瓷版用於裝飾壁爐的周圍之外，同時也作為藝術的創作媒材，在 1877 年的秋天，美國的紐約有一群年輕的藝術家組成了一個以瓷磚為主要創作媒材的藝術家團體〔註 16〕，專事創繪兼具裝飾藝術與實用精神的彩繪瓷版，將瓷版上的彩繪作為藝術創作的表現，且因為其所從事繪畫創作的畫者多為著名的畫家，無形中也提升了彩繪瓷版的藝術價值。

到了二十世紀的台灣，在日本進入二次世界大戰的期間，由於物資要投入戰備的支援，所以 6×6 英吋（15.2cm×15.2cm）的釉下彩繪瓷版的製作開始漸趨告停，隨之應運而生的是白底平面的 5×5 英吋（12.6cm×12.6cm）釉上彩繪瓷版，然後由台灣的畫家在其上施以繪畫，雖然在當時 1940 年代投身

〔註 14〕 Johan A. Kamermans，Hans van Lemmen 譯，〈荷蘭瓷磚上的動物〉，繆弘琪主編，《流光凝煉方寸間》，台北立鶯歌陶瓷博物館出版，2003 年 1 月，頁 22。

〔註 15〕 Ruud Spruit，〈荷蘭室內瓷磚〉，繆弘琪主編，《流光凝煉方寸間》，台北立鶯歌陶瓷博物館出版，2003 年 1 月，頁 15。

〔註 16〕 Ronald G. Pisano, *The Tile Club And The Aesthetic Movement In America*, Harry N. Abrams, Inc., New York, 1999, p. 13.

創作的畫家不多，且多爲建築彩繪的相關工作者，卻爲民國 70 年代以後的彩繪瓷版創作，留下了一脈相傳的源起。由於民國 60 年代的建築榮景，使得鶯歌地區從事陶瓷繪畫的人才薈萃，這些人才當中亦不乏有人將白底的彩繪瓷版作爲繪畫創作的媒材，使得北台灣地區的彩繪瓷版的運用又更添入了創作的藝術用途，而其所創作的作品亦爲收藏家所收藏的對象。

　　綜合以上，彩繪瓷版在世界上的流布是自九世紀以降而未曾停止的，甚至到二十一世紀的今日都依然受到人們以其不同的形式，多樣的面貌，追求著不同的變化與遞進。彩繪瓷版在世界舞台上所代表的文化內涵，亦由原本的宗教意義與財富彰顯作用，隨之益增豐富而具有多元的意涵，彩繪瓷版的流布範圍無遠弗屆，在世界的各洲均可見其蹤跡，彩繪瓷版的藝術內涵豐富多元，實在值得世人加以重視和關注。

第三章　台灣彩繪瓷版在世界彩繪瓷版交流上的角色與地位

第一節　彩繪瓷版輸入台灣的時間背景

　　由於相關台灣彩繪瓷版的資料整理，所蒐集到的研究文獻相當有限，據堀込憲二先生的研究，彩瓷在台灣的出現可回溯至日治中期[註1]，大約在西元 1920～1940 年間，而根據筆者的田野調查發現，其實彩繪瓷版在北台灣的傳入時間約在 1912 年左右。

　　日本在明治維新後就開始大量汲取西方文明，除了建築模仿西方建築形式，生活方式模仿西洋風格之外，連室內的擺設及裝飾材料都模仿西方的情調。除此之外，日本的西化運動也促成了日本的學者從事模仿彩瓷的製作。在二十世紀初期，約在 1907 年左右，「由東京高等工業學校窯業科的兩名同期畢業生——名古屋的村瀨二郎磨（不二見燒）及兵庫縣淡路島的能勢敬二（淡陶燒）」[註2]，模仿成功之後，彩瓷在日本便開始被大量的製造。

　　根據文獻資料顯示，「當日本於明治四十年（1907）左右，著手模仿英國 JOHNSON 公司製作的維多利亞瓷磚，成功的研製了『乾式成形法』的瓷磚之後，日本瓷磚的品質才有飛躍的進步」[註3]，雖然如此，彩繪瓷版在日本國

<hr>

〔註1〕 堀込憲二，〈台灣光復前應用彩瓷溯源〉，繆弘琪主編，《流光凝煉方寸間》，台北立鶯歌陶瓷博物館出版，2003 年 1 月，頁 110。
〔註2〕 堀込憲二，〈金門傳統建築上使用彩瓷裝飾的研究〉，《金門》雜誌，2002 年，頁 21。
〔註3〕 同註1，頁 100。

境內並沒有受到預期中的歡迎，「日本在大正至昭和時期，一般住宅多以木造爲主，外壁以石灰壁、木板壁或是土壁爲主，室內又以木製窗戶、紙門產品居多，床又多爲榻榻米製品，所以根本沒有可使用彩瓷的地方」〔註4〕。從另一個角度觀察，日人在住宅的色調選用上一向偏好彩度低的顏色，如灰色、褐色者。所以高彩度、高明度以鮮豔的紅色、黃色、藍色、綠色爲主的燦爛彩瓷當然是不會受到日人在住宅裝飾的青睞，因此，這類瓷磚在日本的建築外觀使用上反而並不特別受到歡迎，只有少數使用在室內做爲防塵、防潮的功能使用，以目前現存的建築而言，即以日治時期興建的台北賓館的壁爐、地面貼磁爲最好的印證。

　　而十九世紀末的日本，即便面對西歐列強的壓迫，因爲歷經了明治時期的文化開明運動與富國強兵政策的關係，遂成爲東亞地區諸國中第一個完成近代化的國家建設者。又由於彩瓷在 1907 年前後，於日本成功仿製了英國的維多利亞彩瓷之後，卻在日本本國遭到銷售困難，彩繪瓷版在日本並不受到歡迎，於是日人開始將供過於求的彩繪瓷版大量傾銷海外，日本乃利用其「大日本帝國」發展、擴張的路線將彩繪瓷版向外散播，外銷至於東南亞及中國的對外通商貿易港埠。況當年台灣是殖民地的地位，日本當時的策略即是「工業日本」、「農業台灣」，並藉殖民地來消耗母國多餘的物資，而作爲殖民地的台灣，只有接受日本的大量傾銷。

　　又因爲「自 1930 年代後半起，台灣作爲日本南進基地的性格漸次明顯。」〔註5〕於是日本乃經過台灣，向日本在東亞所建築起來的東亞共榮圈中的南洋各殖民國家，傳佈其日本製的彩繪瓷版。故，除了當時的殖民地——台灣之外，亦利用日本當時強勢的經濟力量向中國大陸的開放商埠輸入如上海、廈門等，甚至接受大陸的訂單，並且進而向當時在日本建立的東亞共榮圈中的南洋一帶銷售。在堀込憲二的〈日治時期使用於台灣建築上彩瓷的研究〉一文中，甚至提及在日本製造彩繪瓷版的不二見燒（FUJIMIYAKI）公司所製作的型錄上，發現其「封面上有記述印度孟買地區總代理的店名，所以印度方面亦是當時日本不二見燒的出口對象之一。」〔註6〕此即足以證明，日

〔註 4〕同上註，頁 106。

〔註 5〕曹永和，〈環中國海域交流史上的台灣和日本〉，《台灣史論文集》，台北市：玉山社出版，1996 年，頁 133。

〔註 6〕堀込憲二，〈日治時期使用於台灣建築上彩瓷的研究〉，《台灣史研究》第八卷第二期，2001 年 12 月，頁 86。

本的彩繪瓷版的銷售範圍確實曾廣及南亞地區。

第二節　彩繪瓷版在台灣地區的高接受度

　　由於清代乾隆、嘉慶年間，台灣地區人民的生活漸趨改善，開始有能力延攬了來自閩、粵的唐山工匠及師傅，而且因爲台灣的富庶，各地的廟宇及住宅需求量增多，也有雄厚的經濟能力可以常常翻修大廟，工資也較大陸優厚，吸引了許多唐山師傅長留台灣，自然在台灣的各式建築風格上即延續了閩系匠師的流派及其系統。於是，台灣在傳統建築的表現上呈現出閩式建築上特有的高彩度、高亮度、炫目耀眼的風格，提供了彩繪瓷版能夠被台灣地區人民接受的先決條件。

　　因此，若以台灣方面來看，的確有高度接受彩繪瓷版的背景因素：首先，因爲在閩式傳統建築的裝飾上原本就喜好高彩度的搭配，彩繪瓷版的多彩與高彩正好符合了閩式建築的修飾需求；其次，因爲台灣地區人民在民族性上較喜愛新穎、時尚的事物，而彩繪瓷版對當時的台灣人民而言，即爲最不同於過去傳統的裝飾材料；再者，因爲台灣地區的人民習慣將最好的部分展現於大眾面前，例如在許多廟宇建築物的剪黏裝飾的正面與背面有著截然不同的作法，示人的正面完整而華麗，而背面則有較多細節的省略。同此，北台灣地區的人們對於民居、街屋、洋樓等等建築物的門面也認爲有特別重視的需求，故，北臺灣的彩繪瓷版即多使用在建築物的秀面部份，或是廳堂等較爲受人矚目的地方。即便在祖先的墳丘建築上也希望能展現出與眾不同的品味，以展示家族的興旺，以及對祖先的敬意。

　　事實上，彩繪瓷版流行在日本統治的大正年間至昭和前期（約西元 1912～1940 年），台灣當時的鄉間傳統民居，依然繼承了閩南式的建築風格。在裝飾方面偏好色彩亮麗的屋脊、墀頭，及屋身壁堵上的華麗彩繪或剪黏裝飾，藉由光鮮的裝飾來彰顯屋主的地位與財富。例如：以飛鳥作爲屋頂上的脊飾，以高翹的燕尾作爲舉子屋宅的象徵，再用墀頭上的節孝故事的交趾陶偶、彩繪所演示的忠孝節義故事，以展示屋主對於子孫的期許。台灣傳統建築的裝飾原本就有將家族地位與家庭期許託付在家屋建築之上的習俗，隨著建築技術的變化更新，傳統建築的裝飾技巧也一直隨之推陳遞進，除舊佈新。

　　且台灣原本即位於環太平洋的貿易樞紐位置上，從十六世紀以來就有頻繁的國際貿易記錄，但是隨著 1895 年中日馬關條約將台灣割讓給日本之後，台灣與日本的貿易自然往來更加密切，而與大陸的貿易通商與往來則漸趨遲滯，同時，正因如此，自唐山來到台灣從事剪黏、彩繪等等建築裝飾的師傅開始逐漸難求，在本地的工匠原本就不足的情況之下，台灣當時的建築裝飾藝術只好漸漸趨於簡化，此時有著豐富色彩與多樣造型，並且施工並不困難的彩繪瓷磚的傳入，則使得新穎的建築裝飾形式應運而生，亮麗且施工簡易的彩繪瓷版，轉而取代了費工、費時的，原本在屋脊、屋身、墀頭的彩繪與剪黏。在筆者的田野調查訪問中，可以發現到北台灣地區使用彩瓷的家族中，正好從事泥水或是建築相關工作的例子頗多，如鶯歌的卓家，以及桃園的餘慶居等，均從事的是較容易取得新穎建材的行業，正可以支持此一論點。

　　再加上彩瓷鮮豔的效果歷久彌新，相較於剪黏與彩繪的保存，則彩繪瓷版可以維持更久而不損壞，且維護更為容易，此又為彩繪瓷版在台灣的高接受度增添了更好的理由。

　　在以上種種因素的配合之下，彩繪瓷版的旋風襲捲了大正至昭和時期的台灣，傳佈之速，應用之廣，舉凡廟宇、民居、街屋、墳墓等等多可以見到彩繪瓷版貼覆、運用的例子，彩瓷在台灣地區當時風行之盛，可見一斑。

第三節　台灣、澎湖、金門與大陸東南沿海港埠的通商貿易關係

　　台灣、澎湖、金門與大陸東南沿海商港自十六世紀以降，一直有著密切的通商與移民交流關係，在此等密切的商貿關係與貨物交流之中，深刻影響了台灣傳統建築的風貌與文化。1842 年，中英南京條約訂定後開放了五口通商，廣州、廈門、福州、寧波、上海等港埠便開始進入了國際商港的時代，接受了來自西方及外邦文明的洗禮，也使得中外貨物得以在此交流轉換。而台灣與中國東南沿海港埠的通商關係淵源已久，早自清代初期以來，在北台灣的艋舺地區，已有專為與大陸東南沿海城市往來所設置的「郊」，其中的「泉郊」與「廈郊」即是與泉州和廈門所通商往來的郊商。另外，澎湖與金門由於地理位置的因素，常常作為船隻的中繼轉運站，也因此早已與大陸東南沿

海商港展開了貿易交流。

一、台灣與中國東南沿海商港的貿易往來

　　大陸東南沿海港埠與台灣的海運通商貿易關係密切，吾人在文獻中均可發現。由於台灣南部地區開發較早，早期的鹿耳門即成為台灣與中國大陸貿易交通的往來重要商埠，《廈門志》中曾提及：「商船，自廈門販貨往來內洋及南北通商者，有橫洋船、販艍船者，橫洋船者，由廈門對渡台灣鹿耳門，涉黑水洋。」〔註7〕說明了台灣南部的鹿耳門與廈門之間的通商關係往來已久。而為了某些特定的商品，在清代時會設置從事特定貨品買賣的「郊」，在鹿耳門所設置的「郊」中，「南郊」的交易往來港埠即是以金門、廈門、漳州、泉州、香港、汕頭、南澳等地為主。

　　而台灣的北部地方由於其距離鹿耳門航程較遠，貨物運輸頗為不便，再加上到了清朝的乾、嘉年間，淡水廳已大致開墾完畢，艋舺及大稻埕的商業活動漸趨興旺，而艋舺地區隨著商業活動的漸趨繁盛，也開始有了「郊」的設立，其中「艋舺最著名的三郊：即為泉郊、北郊、廈郊」〔註8〕，其中泉郊即以赴泉州貿易為主，「入口以金銀紙、布帛、陶瓷器、鹹魚、磚石為大宗。」〔註9〕而北郊則分成大北與小北，「往天津、錦洲、蓋洲的船，曰大北；往上海、寧波曰小北。」〔註10〕而廈郊則是往廈門貿易，入口的貨物有「生豚、生雞、土器、磁器、食鹽、木材、鴨、卵、菸草、鹽肉、紙、酒、油之類等生活物品。」〔註11〕這說明了北台灣地區與寧波、上海、泉州、廈門一帶密切的貿易往來至少是從清朝乾隆年間即已開始。

　　由上文可知，在大陸東南沿海的商港與城市中，遠溯自清代乾、嘉年間，即與台灣展開貿易交流關係，寧波、上海、廈門、泉州等早已為北台灣淡水河流域最主要航運往來的對口貿易港，與北台灣淡水河諸多沿岸城市的商貿

〔註7〕　周凱，《台灣歷史文獻叢刊‧廈門志‧上》，南投市：台灣省文獻委員會，1993
　　　　年9月，頁166。
〔註8〕　張勝彥、吳文星、溫振華、戴寶村等編，《台灣開發史》，台北：國立空中大
　　　　學，2001年2月初版七刷，頁136。
〔註9〕　張勝彥、吳文星、溫振華、戴寶村等編，《台灣開發史》，台北：國立空中大
　　　　學，2001年2月初版七刷，頁137。
〔註10〕同上註。
〔註11〕松浦章，卞鳳奎譯，《日治時期台灣海運發展史》，台北：博揚文化事業有限
　　　　公司，2004年7月，頁93。

關係往來密切，影響到日治時期北台灣與大陸東南沿海日常生活貨物、建築材料交換。此外，福州也是重要的對口貿易港之一，除了因為廈門與福州均為開放的通商口岸，成為日用生活物資轉運集散地之外，福州杉木向來是台灣傳統建築匠師所喜愛的大木構材，而泉州的青斗石以及花崗石，也是人們最喜愛的建材之一。且在運送這些具有較大重量的石材、木材來台的同時，也可以做為船隻航行時壓艙的基礎，使得船隻能夠更為安全。

　　廈門、泉州與台灣的航運關係密切，且彼此間互為日常生活用品的供應地。根據松浦章在《日治時期台灣海運發展史》一書：「日本在統治台灣之前，從廈門來的戎克船（junk），不是直航來台灣，是先經由泉州。」〔註12〕松浦章也認為，清代期間，台灣與廈門之間的貿易往來路線，是由廈門行經泉州，再由泉州來到台灣。到了十九世紀末的日治初期，根據明治三十一年（光緒二十四年，1898）台灣與福建廈門的貿易船隻往來紀錄：「台灣北部的淡水來航的帆船共計734隻，8月一個月的時間共有81隻，其中來航地較為明確者為廈門的37隻，福州的33隻，寧波的10隻，基隆的1隻。廈門約佔百分之46，福州約佔百分之41，廈門很清楚的冠於其他各地。」〔註13〕以上說明到了日治初期，廈門與台灣的貿易關係依然至為頻繁。然而到了二十世紀初期，北台灣與大陸東南沿海城市的航運則轉為淡水、福州、廈門的三角航運關係。由於工業及科學的進步，在日治初期，吃水少，航運量較低的戎克船（junk）開始逐漸被汽船作取代，在「1905年，接受台灣總督府的援助下，日本大阪的商船航運公司也開始加入台灣與福建之間航運的競爭，因而開始台灣的淡水與福州和廈門之間的三角航路。」〔註14〕

　　綜上所述，台灣與大陸東南沿海港口貿易往來頻繁，且海上航運歷史悠久，從清朝乾隆、嘉慶年間一直到日治時期，都一直保持著密切的海運關係，此種密切的海上航運路線，提供了一條彩繪瓷版進入台灣的可能路徑：由日本外銷到中國對外通商口岸（如廈門）的彩繪瓷版，再藉由大陸東南沿海港埠來往北台灣淡水河流域的商貨航運，於是彩繪瓷版得以進入淡水河沿

〔註12〕 松浦章，卞鳳奎譯，《日治時期台灣海運發展史》，台北：博揚文化事業有限公司，2004年7月，頁95。

〔註13〕 松浦章，卞鳳奎譯，《日治時期台灣海運發展史》，台北：博揚文化事業有限公司，2004年7月，頁93。

〔註14〕 松浦章，卞鳳奎譯，《日治時期台灣海運發展史》，台北：博揚文化事業有限公司，2004年7月，，頁104。

岸城市。

　　根據筆者的田野調查發現，事實上，淡水河流域兩岸的商港中，確實有許多民居或街屋的營造建材是藉由淡水河的運輸，而使用來自大陸東南沿海的石材與木材，如文後（第四章）即將提及的新莊戲館巷老街民居，其屋主則明白告知筆者其屋宇的主要構材均來自大陸福建，並藉由河運而輸送到新莊；此外，鶯歌卓家祖厝的後人也告知筆者，其祖厝的營建材料的確有來自大陸福建者。由此可知，以上所述及之海運途徑確實有其可信之處，且有跡可循。

二、澎湖與中國東南沿海港口的貿易往來

（一）澎湖的貿易歷史背景與地理位置

　　澎湖群島，位於台灣海峽中重要樞紐位置，在《澎湖廳志》記載：「澎湖不過海上一漚耳，然島嶼迴環，港汊錯雜，為中外之關鍵，作台廈之逆旅。」〔註15〕一語道破澎湖身為台灣與廈門之間中繼轉運站的特殊身分。

　　澎湖，舊名平湖，由六十四座大小島嶼所組成，農作物不適合生長，居民多以捕魚維生。儘管土地貧瘠，然而它的開發卻比台灣還早，宋代時期的澎湖群島已有漢人在此居住的紀錄，且宋朝之主權已到達澎湖。如早在西元1281 年，「元順帝將澎湖納入台灣版圖，設置巡檢司」〔註16〕，到了明朝，為了維護治安防治海盜，曾經將澎湖居民遷回福建沿海的漳州和泉州，禁止民眾前往澎湖一帶出海，但是不被沿海民眾所遵守，「澎湖成為福建沿海居民的移居地和魚場，或成為走私商人、海盜的聚集地」〔註17〕。明代嘉靖末年，東亞大陸東南沿海海盜坐大，同時期，歐洲人所謂的「大航海時代」來臨，西班牙及葡萄牙人、荷蘭人也開始活絡在東亞大陸東南沿海一帶，「荷蘭東印度公司成立後，韋麻郎奉派到遠東拓展貿易，韋氏於 1604 年親率艦隊佔領澎湖，開始做貿易之交涉。」〔註18〕到了 1622 年，荷蘭東印度公司所指揮的艦

〔註15〕林豪，《台灣歷史文獻叢刊，澎湖廳志》，南投市：台灣省文獻委員會，1993年 6 月，頁 9。

〔註16〕張勝彥、吳文星、溫振華、戴寶村等編，《台灣開發史》，台北：國立空中大學，2001 年 2 月初版七刷，頁 34。

〔註17〕同上註，頁 35。

〔註18〕張勝彥、吳文星、溫振華、戴寶村等編，《台灣開發史》，台北：國立空中大學，2001 年 2 月初版七刷，頁 46。

隊，在攻佔澳門不利之後，轉而佔領澎湖本島，在澎湖築城建基地，致力於開展對中國的貿易，並「意圖以澎湖作爲取代澳門或馬尼拉的貿易根據地」〔註19〕。因此，鄭成功攻打荷蘭人，也是首先攻佔澎湖，而清朝施琅收復台灣，同樣也是先攻澎湖，再打台灣。西元1894年，中日戰爭中國戰敗，在馬關條約中將台、澎割給日本；到了1926年，日本政府正式在澎湖設置澎湖廳，直到1945年台灣光復爲止。

從十六世紀以來的環中國海域交流史上，吾人可以發現，澎湖在環中國東南沿海海域上的重要戰略暨貿易的地理位置。表面上，澎湖始終扮演台灣的附屬角色，然而不論在地緣、戰略、貿易位置上，澎湖都是扮演相當重要的中繼站角色。

承上文所述，澎湖與福建沿海的泉州府晉江縣、同安縣有密切關係，故澎湖當地居民幾乎都是這個地區的移民後裔，因此，澎湖的建築物與街市形態方面，完全承襲閩南式的風格。閩南傳統建築風格所喜好的亮麗樣式，與澎湖在中國東南沿海貿易的中繼地位，在在都給予了澎湖地區建築彩繪瓷版輸入並且盛行的良好條件，故澎湖地區確實可以發現爲數眾多的建築彩繪瓷版，並且使用方式多元。

（二）澎湖的田野調查發現

澎湖地區資源貧瘠，境內所需要的生活物資多賴通達的海運運輸以輸入，由於地理位置的優勢，多元的貨物來源不只台灣，亦可由廈門、澳門一帶的航運貿易而來，「凡衣食器用，皆購於媽宮，而媽宮諸貨，又皆藉臺、廈商船、南澳船源源接濟，以足於用。」〔註20〕說明了澎湖地區的航運發達，且爲台、廈商船往來的必經之地。

澎湖地區貼覆彩繪瓷版的建築物眾多，在前文所述林世超的研究中可以得知一二。在筆者的田野調查中發現，澎湖地區貼覆彩繪瓷版的建築物都集中於澎湖本島之馬公附近，此固然可能是因爲馬公地區原本居住的人口較爲眾多，但是，馬公地區原本即爲貨物交換的集散中心，也同樣是主要的原因之一。除了澎湖本島馬公市與其附近地區之外，諸島中如：望安嶼、桶盤嶼、

〔註19〕曹永和，〈環中國海域交流史上的台灣和日本〉，《台灣史論文集》，台北市：玉山社出版，1996年，頁120。

〔註20〕林豪，《台灣歷史文獻叢刊，澎湖廳志》，南投市：台灣省文獻委員會，1993年6月，頁82。

西嶼……等等都可以見到彩繪瓷版的使用。

　　馬公市附近的隘門地區即可見到許多貼覆彩瓷的建築物，如隘門 32 號民宅即爲一例，屋主祖先原來從事中藥買賣工作，屋主已搬遷至祖厝附近居住，祖厝老舊今已無人居住。在其祖厝的門樓之上，與其圍牆周圍均貼覆了許多色澤依然明麗的彩繪瓷版，門樓上貼覆有兩種尺寸的彩繪瓷版，其一爲 6×6 英吋（15.2cm×15.2cm）的兩片，其餘爲 3×6 英吋（7.6cm×15.2cm）彩繪瓷版的十八片，門樓兩側各有 6×6 英吋（15.2cm×15.2cm）彩繪瓷版八片，且其紋樣多爲花卉及寓有吉祥意義的水果。

參-三-(二)-1　隘門 32 號民居門樓之彩繪瓷版

　　此外，澎湖西嶼二崁地區的陳家祖厝，同樣亦擁有豐富的彩繪瓷版。根據筆者的田野調查訪問紀錄得知，陳家古厝建築於大正一年〔註 21〕，陳家古厝是現被列爲三級古蹟，爲一幢閩洋折衷式建築，正立面爲西式洋樓風格，然而其第二進以後則爲中式傳統風格，在其建材上則採取澎湖本地的玄武岩，洗石子。

　　最特別的是，二崁陳家祖厝之正立面，可以見到三種彩繪瓷版的表現手法，因爲不但有白底 5×5 英吋（12.6cm×12.6cm）的釉上彩繪瓷版，也有 6×6 英吋（15.2cm×15.2cm）立體浮雕釉下彩繪瓷版，是少見的將兩種尺寸，

〔註21〕2004 年 5 月 7 日，筆者親赴澎湖西嶼二崁，與陳家古厝管理者訪談得知。

兩種性質的彩繪瓷版同時陳列貼覆的例子，陳家古厝除了在其正立面有貼覆
彩繪瓷版之外，並在第二進的天井中四壁之裙堵上也貼覆了彩繪瓷版，並有
洗石子製作立體圖案，再將彩繪瓷版貼覆於其上，也同時有不規則的花形、
葫蘆形狀的彩繪瓷版貼覆在四周，使得天井因為彩繪瓷版的貼覆更顯得典雅
高貴。

參-三-(二)-2　西嶼二崁陳家古厝正立面彩瓷全景

參-三-(二)-3　陳家古厝正立面彩繪瓷版近拍

可看出左上角繪製在白底平面 5×5 英吋的釉上彩繪瓷版所拼貼而成的一幅鳳凰
而下方則為 6×6 英吋的立體浮雕釉下彩繪瓷版

參-三-(二)-4

陳家古厝天井裙堵上的洗石子如意圖樣，以及 6×6 英吋彩繪瓷版

　　澎湖爲中國東南沿海航運之中繼站，歷來與台灣、廈門商貿淵源已久，「雍正間，廈門有商船往來澎島，與台灣小船偷運私鹽米穀，名曰短擺。」〔註22〕而澎湖地區物產不豐，對外的航運貿易之依賴甚深，在《澎湖廳志》亦記載：「澎地米粟不生，即家常器物，無一不待濟於台、廈。」〔註23〕故，在清代澎湖的商賈中便產生了所謂的「台、廈郊」。雖說澎湖位於中國東南沿海航運之要道，然而澎湖地區也因此得到台灣地區與廈門地區的貨物資源。當北台灣地區淡水河流域的商賈，利用商船自廈門一帶運輸貨物來到台灣時，則必須經過澎湖，在日治時期台灣與廈門之間的貿易中，澎湖也蒙受其利，得到貨物的輸入，松浦章《日治時期台灣海運發展史》書中引用「廈門、台灣的關係」之記述中提及廈門出口至台灣的貨物中其中有百分之五是運到澎湖〔註24〕，而澎湖地區便可以從中得到由廈門輸運到台灣的生活物資、建築材料以及彩繪瓷版。故，廈門港與澎湖在日治初期的交流是可以清楚得知的。此外，澎湖地區在日治時期亦爲與日本貿易交流的對口商港，日

〔註22〕林豪，《台灣歷史文獻叢刊，澎湖廳志》，南投市：台灣省文獻委員會，1993年6月，頁382。

〔註23〕同上註，頁306。

〔註24〕在《官報》第4033號，明治二十九年十二月七日，揭載在廈門帝國二等領事上野專一在九月三十日的報告「廈門貿易事情」中，「廈門、台灣的關係」之記述：「據調查的結果，此等裝載量中百分之七十七爲一般貨物及一些船客，在本港及台南間運送，其中百分之五在本港及澎湖之間。」語出松浦章，卞鳳奎譯，《日治時期台灣海運發展史》，台北：博揚文化事業有限公司，2004年7月，頁100。

治時期台灣爲日本的殖民地，當時與日本有貿易往來的十五個港口中即包括
了馬公〔註25〕，且根據第一章所述蔡日祥的研究，馬公亦同時爲日本陶瓷器
的輸入地之一。

　　故，綜上所述，根據清代以來至日治時期之貿易交流史的種種證明顯示，
澎湖地區的彩繪瓷版，其輸入的來源應該有二：其一日本直接對於澎湖地區
的輸入，其二爲廈門地區對澎湖的貿易輸入。

　　此外，值得一提的是，澎湖地區亦有許多購自台灣的手繪白底彩繪瓷
版，由畫師在已經燒好的白底 5×5 英吋（12.6cm×12.6cm）的釉上彩繪瓷版
上作畫，根據前人學者的研究得知，「有落款的名畫師包括台南的陳玉峰與安
平的洪華」〔註26〕，若是據筆者的田野調查，則發現鶯歌地區的畫師作品，
亦有販售至澎湖者〔註27〕，故澎湖地區的白底素燒彩繪瓷版的來源定當與台
灣相關。

三、金門與中國東南沿海港口的貿易往來

（一）金門的貿易歷史背景與地理位置

　　金門與廈門兩島之間的關係則更爲密切，金門地處閩南的九龍江口，面
臨著正是中國東南方的廈門灣。況且金門在開發的歷史上遠比台灣較早，在
《金門志》中記載：「晉時避難者入焉，彷彿武陵桃園境界，唐時置牧馬場，
始闢榛蕪爲樂土，斯陳侯之遺烈矣。」〔註28〕金門縣古稱浯州，自古以來即
因地理位置的特殊，與大陸東南沿岸諸港關係密切。遠從唐宋以來，泉州取
代廣州一躍而爲東方第一大港，且成爲海上絲綢之路的起點，阿拉伯、印度、
波斯、東南亞等各地的商人雲集在泉州，泉、漳地區的海上貿易昌盛發達，
泉州、漳州商人藉由海運往來經商於東北亞及東南亞各地，而金門位居於泉

〔註25〕「對日港口共有十五個：安平、淡水、基隆、高雄、花蓮、馬公、後龍、蘇
　　　澳、東港、烏樹林、布袋、北門、海口、大板埒（及今港）、台東。」語出自
　　　徐茂炫、黃登興，《日據時期台灣港口與貿易》，行政院國家科學委員會補助
　　　專題研究計畫成果報告，2001 年 10 月 31 日，頁 2。
〔註26〕李乾朗，〈二十世紀初台灣建築的彩瓷面磚〉，《台灣近代建築之風格》，室內
　　　雜誌出版，1992 年，頁 40。
〔註27〕根據筆者於 2004 年 7 月，親自訪問鶯歌彩繪瓷版販售代表廠家聯藝公司負
　　　責人——陳拱墀先生所述，當年的確有接到來自澎湖地區的訂單。
〔註28〕林焜熿，《台灣歷史文獻叢刊，金門志》，南投市：台灣省文獻委員會，1993
　　　年 9 月，頁 5。

州、漳州通往海外航線的鎖鑰，成爲中國東南沿海貿易通商的重要樞紐位置。在十九世紀至二十世紀初期，金門人大量移往南洋從商，而不論大、小金門的居民若準備前往南洋之時，均須取道廈門，由廈門再乘船轉往南洋的菲律賓、新加坡、泰國等等國家。

在金門西邊之烈嶼島，即今日稱之小金門（烈嶼鄉），小金門與廈門之間更因只有六千公尺之距而遙遙相望，在今日的戰備國防上位居險要，且扼海上咽喉，但若以經濟眼光而論，則因地理位置的相近，可以互通有無而更形便利。以大小金門地區而言，其物資的確多由大陸沿海地區港口輸入，在《金門志》中亦可以找到相關的證明文字，如：「從前食湖廣米及粵之高州，殆台灣啓疆，遂仰台運自廈轉售，風潮遲滯，市價頓增。又山皆童，芻薪自漳州載至。」〔註29〕以上文字說明了金門的米多由廈門輸入，且柴薪多由漳州輸入，至於大小金門漁家所獲得之魚貨亦多銷售至對岸之港口，「及網罾大獲，又多販入同、廈、漳州去，所出不如所聚。」〔註30〕在在都說明了金、廈的商業關係密切。

（二）金門的田野調查發現

在筆者的田調中發現，大、小金門與福建沿岸城市確實距離非常近，以小金門來說，若是在天氣晴朗時，站在小金門的港口邊，可以很清楚的看見對岸廈門市的建築物。根據小金門的耆老林馬騰先生透露，在兩岸分裂之前，從小金門乘坐舢舨到最近距離的廈門湖井頭只需要五分鐘，廈門與小金門的船夫可以划船搖櫓往返〔註31〕，故小金門地區的居民其民生生活物資，包括建築石材、大木以及裝飾材料，在二次大戰之前，多經由廈門地區而輸入。

而在筆者實際的田調訪查當中，更可以發現到小金門也有許多彩繪瓷版的建築物，其中貼覆最多且最爲華麗的，當屬小金門上林 35 號的林宅。在與林宅主人林馬騰先生的訪談中得知，林先生的三叔公曾遠赴南洋從事木材與橡膠之貿易，同時兼經營米、鹽之買賣，在極盛時期曾經擁有貨船 30 餘艘，在民國二十五年時，曾匯金錢回家，請家人修繕祖厝，當時家人即從廈門購

〔註29〕林焜熿，《台灣歷史文獻叢刊，金門志》，南投市：台灣省文獻委員會，1993年 9 月，頁 394。
〔註30〕同上註。
〔註31〕根據筆者於 2005 年 4 月 27 日下午 3:55～5:25 的訪談，林馬騰先生所述。

參-三-(三)-1　由小金門望向廈門之景

照片由林馬騰先生提供，筆者翻攝

參-三-(三)-2　小金門上林 35 號林宅左側秀面彩瓷

得石材、木料及彩繪瓷版，並延請廈門之匠師與小金門當地泥水師傅合作，共同營建今日的二層樓巴洛克式洋樓，歷時一年而完成。其中，在其正立面凹壽兩側身堵位置的彩瓷，因爲戰爭的關係，而受到砲彈襲擊毀損，由脫落的彩繪瓷版之背面商標上，發現有著「KY」的印記，今日可以藉由前人的整理，追查到其原本的出處，若與原本日本製造公司的商標相對照〔註 32〕，則

〔註 32〕堀込憲二，〈日治時期使用於台灣建築上彩瓷的研究〉，《台灣史研究》第八卷第二期，2001 年 12 月，頁 78。

可以得知林先生所擁有的彩繪瓷版，是由日本山田 TILE 公司所製作，該公司至今（2004 年）依然存在。

參-三-(三)-3　脫落的彩繪瓷版背面

其中央處有「KY」的商標印記

參-三-(三)-4

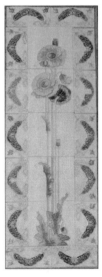

小金門上林 35 號林宅所擁有的罕見的「虞美人花」彩瓷〔註33〕
共由五片 6×6 英吋（15.2cm×15.2cm）而拼成一幅
林家總共擁有六幅。四幅分別位於洋樓正立面秀面，另外兩幅則於凹壽兩側

〔註33〕一般人多將此花卉認作罌粟花，其實虞美人花屬於罌粟花科，卻與罌粟花不同，且在中國民間一般對於俗稱「鴉片花」的罌粟花並不會具有好感，更不可能貼覆於自家的門牆之上，故，此當稱為罌粟花科植物之虞美人花。

　　此外，在金門縣金城鎮的模範街上，有兩幢毗鄰而立的街屋建築，其中現在爲老街茶舖的模範街 14 號建築物正立面裙堵位置，貼覆了四十二片 6×6 英吋（15.2cm×15.2cm）的彩色瓷版，以及七十片的 3×6 英吋（7.6cm×15.2cm）彩繪瓷版。此棟建築物與隔壁的 16 號街屋原本同爲顏家所開立的中

參-三-(三)-5　模範街 14 號老街茶舖的彩繪瓷版

參-三-(三)-6　模範街 14 號老街茶舖的彩繪瓷版近照

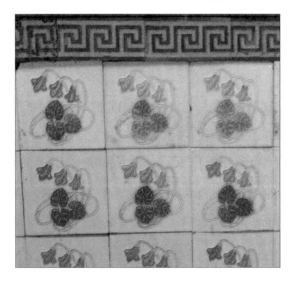

醫診所與中藥房，於民國四年時整條模範街道開始策劃興建，但是在民國十三年始修建完成，創建的屋主爲今日七十歲的屋主顏伯義先生的祖父——顏臣敏。顏家原本即從事中藥買賣與中醫診所的事業，筆者田調時也發現模範街附近的「存仁」、「存德」中藥房都是顏家人所經營。顏家到了顏伯義先生這一代始開始從政，顏先生曾經擔任三屆里長，直到筆者訪問他的 2005 年，仍然在擔任金門金城鎮調解委員會的委員。

根據筆者與顏先生的訪談資料〔註 34〕，顏先生親口告訴筆者，顏家兩幢街屋的建造過程，乃是由顏先生的祖父一手規劃，顏家當時所有的建造材料是由負責營建的匠師開列出清單，由顏家自己負責採辦，所有的建材及建築構件，包括大木、石材，以及彩繪瓷版，全數來自福建的廈門，經由顏家人在廈門採購回到金門後，再由金門當地的營建師傅負責建造，所以所有的施工及工程的品質良好，直到今日都依然維持完善，唯有幾年前彩繪瓷版因年久而快要脫落，顏先生請水泥師父將其再貼覆回去，其餘部分則依舊維持當年形貌。

若是顏先生的口述資料無誤的話，則彩繪瓷版由當時的廈門採購回金門的事實屬實，則與前文的論理可以相爲驗證，金門的彩繪瓷版的確是由廈門引進，且由上文可知，廈門正是日本彩繪瓷版經銷的通商港埠之一。顏先生並在訪談中提及，當時若是金門人要去南洋從商、遊玩時，則必須繞道至廈門，由廈門再轉入其他南洋地區，則這當中要經過「十三港」，他估計是指要十三個港口再轉而航向南亞諸國，此語則有待進一步考證。

另外，金門亦可以見到將彩繪瓷版運用在家具上的例子，如金門縣金城鎮的金水國小，是由昔日的金水國小而改建爲今日的金門史料陳列館，其正廳中即有一組將彩繪瓷版貼覆在家具上的中式桌椅，說明了金門地區的彩繪瓷版亦有使用在家具上的明證。

由以上所述，以《金門志》中的文獻紀錄可以發現，大小金門地區與廈門關係密切，貨物往來交流頻繁，又自筆者在大小金門地區的田野調查紀錄中，藉由擁有建築彩繪瓷版的屋主之訪查，證明金門地區的彩繪瓷版的確有來自廈門地區者，而那些來自廈門地區的彩繪瓷版，又藉由其背後的商標印記可以得知，其出處來源確實是日本的彩繪瓷版製造公司，說明了彩繪瓷版從日本銷售到廈門，再由廈門進入到金門的可信途徑。

〔註34〕根據筆者與顏伯義先生在 2005 年 4 月 28 日上午 10:30～11:40 的訪談紀錄。

參-三-(三)-6

金水國小展覽廳的彩繪瓷版家具共使用四片 6×6 英吋（15.2cm×15.2cm）的彩繪瓷版

　　故，在學者之前的研究中大多認爲金門地區的彩繪瓷版多有來自南洋者，但是根據筆者實際的訪查發現，金門地區的生活貨源與建築匠師，多與廈門息息相關，且由擁有彩繪瓷版的屋主的訪談紀錄可以得知，金門地區說要前往南洋，則必須經過廈門，金門並沒有與南洋地區直接貿易的紀錄，由此可知，金門地區的彩繪瓷版應大多來自大陸東南沿岸港口，並以廈門爲最主要的源頭。

　　整體而言，遠溯自 1842 年開放五口通商以來，廣州、廈門、福州、寧波、上海等地即成爲國際性的通商城市，而彩繪瓷版在日本 1907 年模仿成功後，在日本國內銷售狀況不佳以後，便轉往鄰近其他各國如南洋等地銷售，此即南洋地區亦多可見到彩繪瓷版建築的原因〔註 35〕。至於銷售到中國者，其中有文獻紀錄的即包括中國的廈門、北京〔註 36〕、上海、滿州〔註 37〕等地，而由於北台灣的淡水河流域商埠與中國東南沿海的重要港口往來密切，

〔註35〕「這種瓷磚在二十世紀初年廣泛的流行，包括日本、南洋、金門、廈門、台灣與澎湖的建築皆可見及。」語出李乾朗，〈澎湖地傳統建築的裝飾〉，《傳統藝術研討會論文集》，中華民族藝術基金會主編，台北市：國立傳統藝術中心籌備處出版，2001 年，頁 186。

〔註36〕堀込憲二，〈台灣光復前應用彩瓷溯源〉，繆弘琪主編，《流光凝煉方寸間》，台北立鶯歌陶瓷博物館出版，2003 年 1 月，頁 98。

〔註37〕堀込憲二，〈日治時期使用於台灣建築上彩瓷的研究〉，《台灣史研究》第八卷第二期，2001 年 12 月，頁 88。

廈郊、北郊（其中小北即往上海）的貿易地——廈門、上海二地即擁有由日本傾銷輸入的彩繪瓷版，而其中又以廈門最爲重要。因爲廈門不但是與北台灣淡水河流域往來最爲頻繁的港口，也同時是與澎湖、金門來往最爲密切的商港，建築材料與建築裝飾材料由廈門輸入，甚至匠師亦有來往兩地的紀錄。

此外，金門土地貧瘠「地不足於耕，其無業者多散之外洋，如呂宋、實力、交留巴等處。」〔註 38〕金門地區的人民自清代以來即有出海至南洋的紀錄，但在文獻中並沒有找到金門與南洋「直接」貿易的紀錄，故金門的人民若需至南洋謀生，則必須取道廈門。而廈門則自康熙年間以來一直是東南沿海與南洋交流的門戶之一，故，金門地區的彩繪瓷版其來源定直接與廈門相關，而廈門正是日本彩繪瓷版的輸入地，因此，金門的彩繪瓷版建築裝飾，可說是徹底仰賴與廈門商港的貿易交流，而廈門也可以說是北台灣與澎湖、金門的彩繪瓷版的重要來源地之一。

故，綜合以上，北臺灣淡水河沿岸、澎湖地區在日治時期除了接受日本直接的彩繪瓷版輸入之外，亦有來自大陸東南沿海港埠如廈門者。所以，北台灣淡水河沿岸地區與澎湖、金門一帶的彩繪瓷版，確實有部份絕對來自廈門地區者，此當爲可以肯定之事實。

第四節　台灣彩繪瓷版在世界彩繪瓷版交流中的重要意義

二十世紀初期，受日本統治的台灣地區，藉由日本的引進輸入，使得彩繪瓷版由世界舞台上一躍而成爲台灣傳統建築、折衷建築物的裝飾風潮，其主要的風行時期雖只在日治時期之初期二、三十年間，但是卻深深影響了台灣傳統建築的裝飾語言，到了日治後期，尤其在昭和年間，由於日製模仿英國維多利亞彩瓷的製作中斷，取而代之的是 5×5 英吋較爲小型的白底素燒手繪彩瓷，繼續風行於台灣、澎湖一帶。以上兩種彩繪瓷版在台灣的影響深遠，亦同時爲彩繪瓷版在世界風行的交流歷史上寫下了新的一頁，台灣地區的彩繪瓷版在世界彩繪瓷版貿易交流中的重要意義究竟爲如何，又爲何具有海洋

〔註38〕林焜熿，《台灣歷史文獻叢刊・金門志》，南投市：台灣省文獻委員會，1993年 9 月，頁 395。

文化的身世呢？

以下將台灣地區的彩繪瓷版在世界彩繪瓷版交流中的重要意義，羅列說明之：

一、台灣在環太平洋中國東南沿海上的所扮演的角色

台灣在環中國海域的經貿交流史上，自明代以來一直扮演著重要的角色，而共可分成政治、經濟與文化三個方面而言：

（一）政治方面

隨著十六世紀東亞地區諸國之間國際貿易的需求量增大，各種的走私貿易也開始活躍起來，台灣位於東亞洲地區環中國海域的樞紐位置，在航海貿易需求量大增的情勢之下，便更加彰顯出其國際交通的要角地位。於是，十六世紀末到十七世紀初之間，台灣便成為歐、亞諸國的矚目焦點，甚至是競相爭奪的對象。如：日本即曾經多次意圖遠征台灣；而西班牙人也曾經意圖佔領台灣，「西班牙人自 1571 年佔據馬尼拉以來，便有征服包括台灣在內的菲律賓周邊諸地域的計畫」〔註39〕，西班牙人更於 1626 年出兵佔領北台灣的基隆，在 1628 年與佔領南台灣的荷蘭人相對峙；荷蘭人則是在「1604 年時，艦隊司令韋麻郎（Wijbrand van Waerwijk）更親自到澎湖島嶼明朝官憲交涉」〔註40〕，之後，又轉進佔領今天的台南市安平地區，並且築城屯田而居，接著佔領全島。

台灣便因為自身特殊的、重要的海上貿易樞紐位置，而被列國所認識，因而進入了歷史時代。也正因為如此，台灣在國際航運上的咽喉位置，提供了台灣更好的國際視野與角度。

（二）經濟方面

1895 年，日本在與清廷的甲午戰爭後，清廷政府因為戰敗，在中日簽訂的馬關條約中將台灣割讓，由日本接手統治台灣，並且隨即「推動台灣總督府於明治二十九年（1896）5 月 1 日，開設大阪台灣線，此是連接日本與台灣的航路，以及日本與台灣之間汽船定期航路最初的開設。」〔註41〕台灣於是

〔註39〕曹永和，〈環中國海域交流史上的台灣和日本〉，《台灣史論文集》，台北市：玉山社出版，1996 年，頁 119。

〔註40〕曹永和，〈環中國海域交流史上的台灣和日本〉，《台灣史論文集》，台北市：玉山社出版，1996 年，頁 118。

〔註41〕松浦章，卞鳳奎譯，《日治時期台灣海運發展史》，台北：博揚文化事業有限

開始有了與日本的固定的汽船航運。然而隨著工業逐漸的進步，以汽船為主的海運也逐漸成為世界航運的主要角色後，英國的汽船公司也開始加入台灣的航運競爭，如《台灣省通志史稿》中記載：「台灣亦於同治十年（1871）由英國汽船海寧號，開設安平、淡水、廈門、汕頭、香港之間，進行二週一次的定期航路。」〔註42〕以上均說明了台灣在當時的國際航運的發達，並且與國際間的經濟貿易往來密切。

　　若針對日本與台灣之間的商船經濟往來而言，在《大阪商船株式會社五十年史》中：「台灣航路是以大阪為起點，經由神戶、廣島的宇品、北九州的門斯和長崎，停靠熊本的三角，到達台灣的基隆之航路，使用三隻汽船，每個月有三次的航班往來。」〔註43〕如上文可以看出，日本與台灣最初的航運是到達基隆港。而在松浦章所著，卞鳳奎翻譯的《日治時期台灣海運發展史》一書中，所製繪的表格內容可以發現，1895 年以後，自日本到台灣的汽船多是以基隆為靠港地，以淡水為入港地〔註44〕，說明了台灣自日本而來的貨運物資的確是由基隆港和淡水港上岸，藉由淡水河流域的通商港埠交易〔註45〕，以及劉銘傳時代所修建始自基隆的鐵路運輸，進而轉送至台灣內陸各地區，所以今日北臺灣可見到保存彩繪瓷版的建築物，也多在水、陸的交通轉運中心。而又在松浦章書中所引述的《大阪朝日新聞》第5581號，明治三十二年（1899）5 月 16 日所記載的文字中描述：「台灣、神戶間的貨物，即自神戶主要的是建築用材。」〔註46〕亦即是描述台灣與神戶港之間的貨物往來中，自日本神戶港運來台灣的貨物主要即以是建築材料為主，彩繪瓷版極可能包括在此類的建築用材之中，而運來了台灣的基隆港與淡水港。

　　　　公司，2004 年 7 月，頁 222。
〔註42〕台灣省文獻委員會，《台灣省通志史稿・卷四・經濟志交通篇》，1956 年 3 月，頁 262～263。
〔註43〕神田外茂夫，《大阪商船株式會社五十年史》，大阪：大阪商船株式會社，1934年 6 月，頁 210。
〔註44〕松浦章，卞鳳奎譯，《日治時期台灣海運發展史》，台北：博揚文化事業有限公司，2004 年 7 月，頁 240～242。
〔註45〕根據筆者與《日治時期台灣海運發展史》一書的譯者卞鳳奎先生的訪談結果得知，當時自神戶而來的汽船多停靠基隆港上下貨物，也會入港停靠在淡水河河口的滬尾港，進而將貨物轉運，以深入淡水河流域。
〔註46〕松浦章，卞鳳奎譯，《日治時期台灣海運發展史》，台北：博揚文化事業有限公司，2004 年 7 月，頁 244。

（三）文化方面

綜合以上所述，台灣因為先天極佳的海運位置，以及十六世紀以來與周邊地區諸國際商港的貿易交流背景，得以廣為吸納、彙集多元的文化，不但將西方的使用彩瓷的風尚轉移到中國傳統建築物之上，使得藉由彩瓷做為媒介，而將西方與東方的文化在台灣的建築上成功的展現出中西文化的結合，此外，在彩繪瓷版的圖案表現上亦正可以體現此一特色，本研究後文將述及在北台灣彩繪瓷版的紋樣中，可以見到英國與歐陸地區所喜好的花卉、花籃、麥穗、高腳杯等種種的圖案設計之外，亦可以見到繪有中東地區伊斯蘭文字的彩繪瓷版，當然，在北台灣的彩瓷紋樣上亦有唯亞熱帶東方才有的水果圖案，彩繪瓷版上所呈現的多元文化之紋樣，正展現出其由中東經過歐陸文化的洗禮，再輾轉來到台灣的身世歷程，亦正呼應了台灣在環太平洋東南中國沿海交通與貿易上的樞紐地位。

另一方面，若將彩繪瓷版與貿易瓷相較言之，貿易瓷的輸出多由貿易輸入國家下訂單之後，再由中國輸出，且在經濟上具有收藏貿易瓷的能力者多為上層社會的皇族顯貴之族，一般庶民則極少有能力得以收購。而同樣是流布區域橫跨歐亞，台灣的建築彩繪瓷版卻打破了貴賤之別，即使是接待外賓的台北賓館，亦或是民居均得以擁有之，故彩瓷在使用上不分尊卑，在文化上卻可以包納多元，且跨越東西方，此正足以說明台灣的彩繪瓷版在其重要的交通與經貿背景之外，所代表的跨越社會層級藩籬的文化意義。

彩繪瓷版結合了上述三個面向。在政治上，由台灣的彩繪瓷版可以看出台灣在環太平洋中國東南沿海上交通的重要性，台灣在航運上的樞紐位置亦提供了彩繪瓷版躍入台灣的優勢環境，並成為傳統建築裝飾使用上的新寵；在經濟上，彩繪瓷版藉由與日本貿易交流，由淡水河系諸港的運輸進入北台灣內陸地區後，且由於河港的商家街屋建築，相較於一般民居，原本即更容易接受外來的時尚，加上彩繪瓷版的樣式新穎，吸引不少新興的富裕人家在建築上的使用，曾經一時蔚為風行，在今日都可以見到其遺留；在文化上，彩繪瓷版由世界舞台轉進台灣的閩式傳統建築物，以及折衷式建築之上，除了增益了台灣地區傳統建築的裝飾語彙，打破尊卑之別之外，亦可以見到豐富而多元的文化表現在其多變的紋樣上。因此，從台灣的彩繪瓷版上，可以看出台灣在歐亞之間，於二十世紀初期，藉由交通的延伸，在政治面、經濟面與文化面的重要樞紐位置。

二、彩繪瓷版賦予台灣傳統建築新的建築裝飾意涵

　　台灣地區的彩繪瓷版多使用在閩式傳統建築上，亦或者是使用在折衷式建築之上，皆賦予了傳統建築新生命。彩繪瓷版輸入台灣之後，在台灣的建築上掀起了一時的風潮。由於日本製作的彩繪瓷版在國內銷售受阻後，即將銷售對象設定為喜愛鮮豔建築裝飾的中國、台灣，或是東南亞洲有許多華僑聚居的印尼、新加坡及附近的緬甸、越南、菲律賓等等。故，日本的彩瓷製造公司便依照華人的喜好而設計彩繪瓷版的紋樣，在〈日治時期使用於台灣建築上彩瓷的研究〉一文中曾敘及：「這些中國吉祥紋樣的圖形係受中國買方的要求，經由代理商將圖案送至日本瓷磚公司後，經由專門設計並製作成品後，開始輸出至有華人的地區。」〔註47〕於是，吾人可以得知，這些在北台灣地區所見到的彩繪瓷版，除了少數純粹幾何的紋樣外，其餘的紋樣有許多是經由專人為彩繪瓷版的華人市場而設計的，其當然會賦予華人所偏好的吉祥、祈福的圖案，這些紋樣是歐洲地區或其他地區的人們所無法理解的內涵。

　　且台灣地區的彩繪瓷版，與日本或二十世紀初期其他地區所貼覆的位置截然不同，如日本與二十世紀初期的英國、美國多將彩繪瓷版貼覆於室內的壁爐周圍，或是浴室的內部，以防止塵埃及潮濕。然而，台灣地區多將彩繪瓷版貼覆於建築物的外部，其做為炫耀意味的意圖至為明顯。

　　此外，彩繪瓷版所貼覆的位置，多是原本傳統建築施作彩繪或者雕刻的位置。如前文「彩繪瓷版在台灣的高接受度」段落中所述，彩繪瓷版的引進時間，正是唐山師傅漸漸退出台灣的傳統建築裝飾施作時期，然而傳統建築裝飾的需求並沒有因此減少，加上彩繪瓷版的施作容易，樣式新穎且保養簡便，一引進台灣，即受到北台灣地區能接受新興時尚的富裕人家的歡迎。於是，當富裕人家將代表華人心中吉祥紋樣的彩繪瓷版，貼上街屋或是其傳統建築的時候，彩繪瓷版的貼覆位置正是原本要倚賴費時、費工、費成本的彩繪、石雕、木雕、磚雕師傅所施作的位置。在此時，這些位置在傳統建築上的文化意義與教化內涵，正式轉介到這些經過設計的彩繪瓷版的紋樣上，故，當屋主思索著選擇將何種彩繪瓷版施作於建築上的何種位置的同時，也就是正在賦予彩繪瓷版在其建築物上將要表達何種文化象徵與傳統意涵的時刻。

〔註47〕堀込憲二，〈日治時期使用於台灣建築上彩瓷的研究〉，《台灣史研究》第八卷第二期，2001 年 12 月，頁 88。

所以，彩繪瓷版取代了傳統建築上的彩繪與雕刻等等的裝飾風尚，卻仍然承繼了傳遞傳統建築裝飾中所表現的裝飾內涵，蘊含著延續家族文化的責任，或是表達人們對於上天、祖先、神明祈求庇佑的心願。

綜觀以上，台灣的建築彩繪瓷版有時不只是建築物上的裝飾，其甚至負有傳遞傳統文化意義與教化思維的身份。在一片片大小只有 6×6 英吋（15.2cm×15.2cm）的彩繪瓷版的紋樣上，透露出原本應該在傳統建築物的木雕、彩繪位置上，屋主或是施作者對於家族的期盼與教化世人的意義（本研究將在後文章節中詳加說明之），彩繪瓷版在台灣如是的作用與功能，是在世界上其他地區所從來不曾見到的，也是閩式傳統建築上所不曾出現過的裝飾語言。

三、台灣彩繪瓷版的使用與世界的文化內涵呼應

根據筆者的田野調查發現，在北台灣貼覆有彩繪瓷版的傳統建築上，對於彩繪瓷版從九世紀開始使用在建築物上以來，在中東與歐陸、美洲曾經貼覆的位置與表現的方式均多有相同之處，雖然北台灣地區所使用彩繪瓷版的位置，與同時期（二十世紀初）的日本、英國、美國等等國家的使用位置不同，但是在北台灣彩繪瓷版的整體運用史上，卻遙遙呼應了九世紀至十九世紀之間的彩繪瓷版的運用內涵。以下將其相似與呼應之處，整理說明如下：

（一）台灣彩繪瓷版的宗教、祭祀用途

如上文所述，可以得知彩繪瓷版在中東地區最初是被用做宗教、祭祀上的用途。在今日北台灣淡水河流域的彩繪瓷版建築物之上，我們同樣可以找到同於九世紀以來，至十二、三世紀之間，彩繪瓷版被用作宗教、祭祀用途的遺留。

以位置說來，伊斯蘭地區多將彩繪瓷版貼覆於清真寺的壁龕位置，而且均為朝向麥加方向的位置，以表示在清真寺中此神龕的重要意義，而在北台灣地區的彩繪瓷版其貼覆的位置亦同於伊斯蘭地區，也是在於相同的神龕位置。如鶯歌山上的正義宮，其所貼覆的 5×5 英吋（12.6cm×12.6cm）的釉上彩繪瓷版，其位置也正是在神龕的位置，根據筆者的田野調查記錄與訪問彩繪匠師的訪談得知，在北台灣地區的廟宇宮觀中貼覆在神龕上的彩繪瓷版，是十分常見的情形。另外，拜占廷地區有將彩繪瓷版貼覆在祭壇（alter）

之上的遺留，而在淡水鎮祭祀媽祖的福佑宮正殿中，在其左右兩側的供桌之上，吾人可以清楚的發現到，彩繪瓷版被用作供桌的裝飾之用，並且福佑宮的彩繪瓷版也以相似於拜占廷地區的多片組合方式，以多片彩瓷來拼合成一幅完整圖畫，此外，其貼覆的位置也是同於十二、三世紀的拜占廷地區，均位於供桌的裝飾之上。說明了淡水福佑宮供桌上的彩繪瓷版，亦是相似於中世紀的波斯及拜占廷地區，表達出對於宗教與神明的敬禮方式與祭祀意義。

此外，以彩繪內容而言，拜占廷地區將彩繪瓷版作為教堂中的壁面裝飾，在其上繪以聖母、聖嬰像等等神祇的圖樣或是與宗教相關的故事，在北台灣也可以見到類似的使用遺留，同樣如鶯歌山的正義宮的神龕之上，在其神像背後的神龕即是使用繪有飛翔的雲龍之彩繪瓷版所貼覆。

另一種與宗教信仰相關的貼覆彩繪瓷版的方式，是在中東與伊斯蘭教地區常見到將彩繪瓷版貼覆在墳墓、墓室之上的使用方式，在北台灣地區也可以找到類似的情形。如在北台灣的內湖地區，可以見到將彩繪瓷版貼覆在墳墓兩側墓手之上的林秀俊墓，同樣也是將彩繪瓷版貼覆在墳丘之上的例子，其實，除了林秀俊墓上的彩繪瓷版，在鶯歌的第二公墓上也有多處墓塚均有將彩繪瓷版貼覆在墓肩、墓手的遺留。此外，在桃園縣新屋鄉的黃家家族墓上，也可以見到彩繪瓷版的使用。以上均為北台灣地區彩繪瓷版貼覆在墳丘相關位置的明證，說明了北台灣的彩繪瓷版的貼覆，在宗教祭祀方面的使用方式，的確與世界其他地區的使用方式有互相呼應之處。

（二）台灣彩繪瓷版的裝飾用途

在中世紀伊斯蘭教的地區與波斯，與十一、二世紀以後的西班牙等地，多有將彩繪瓷版作為純粹的裝飾用途者，而在二十世紀北台灣的淡水河流域沿岸，亦不乏如是的例證。如西班牙會將彩繪瓷版貼覆在建築物的內部，甚至是內牆的裙堵、墩身之上，以作為裝飾的用途者，在台北縣深坑的黃家永安居之正廳之中，即有將多片大面積的彩繪瓷版，以四方連續的方式貼覆在正廳室內的裙堵之上，以作為室內的裝飾之用，但是正廳是台灣傳統文化中接待重要賓客的地方，除了實際的裝飾用途外，亦同時有彰顯身份、財富的意味。在深坑的永安居的例子之外，屬於淡水河流域的沿岸城鎮的台北市大稻埕之大山行，在其街屋性質的三層洋樓建築物之正立面之上，亦貼覆了四片 6×6 英吋（15.2cm×15.2cm）的彩繪瓷版，以做為建築物的點綴裝飾之用

途，顏色上為了和立面上方的紅色間柱作對比，所以採取對比色的搭配，而挑選出四片綠色的彩繪瓷版，紋樣兩兩對稱，並不大量使用，也沒有刻意要突顯彩繪瓷版的意圖，其做為建築物裝飾的立意甚為清楚。

（三）台灣彩繪瓷版用作彰顯身分、品味之用途

在十五、十六世紀義大利的人們將彩瓷貼覆於建築物的正立面，用以表彰建築物的擁有者的地位與財富，這與大部分北台灣的彩瓷建築的使用目的是完全相同的。因為北台灣的彩瓷建築亦多貼覆於建築物舉目可見的正立面身堵，或是人來人往的街屋建築之山牆、女兒牆之上，其用意自然亦是為了彰顯屋主的財富與品味，以向眾人表彰屋主的不凡與時尚。

如新莊老街戲館巷內的 4 號民居，便是將彩繪瓷版作為展示品味的經典代表，因為這戶 4 號民居只將彩繪瓷版貼覆在其建築物的門樓之上，在路人熙來攘往的日治時期，凡是從其門前經過的路人，均不會錯過 4 號民居門樓之上的鮮豔彩瓷，這五片彩瓷保持良好，其花色也是淡水河流域少見的式樣，主人將彩繪瓷版作為展現其脫俗品味的目的則至為明顯。

又如台北市萬華地區，在康定路上 102、104、106、108 號連續四開間所貼覆的彩繪瓷版，其貼覆的位置均在於街屋建築最醒目的位置——山牆之上，每開間各以九片為一幅，則四開間共有四幅，每一幅的色彩鮮艷且不重複，花色特別，並均以四方連續的排列方式貼覆而成，其從事木材生意的屋主當然必須財力雄厚，才能在彩繪瓷版並不普遍，也不便宜的當時，能夠使用如此為數眾多的彩繪瓷版，這自然要貼在明顯的地方，才能向世人展示。

（四）台灣彩繪瓷版的教育文化意義

在十六世紀的荷蘭，當地人有將彩繪瓷版做為於教育用途的作法，亦即將神話、故事等繪在彩繪瓷版上，以作為長者向幼者傳遞文化與教育意義的傳承之用。而在二十世紀北台灣的貼覆在墳丘及寺廟建築上的彩瓷也是有著教化意義的用途。例如在北台灣的墳丘建築的墓肩、墓手之上，或是在廟宇的牆壁壁面上，多貼覆繪有二十四孝、三王四聘等等忠孝節義的故事情節的彩繪瓷版，藉著彩繪瓷版上的孝順故事以期許子孫能夠賢良順孝，並藉著三王四聘或是其他如三國演義等等的仁義故事，以教育世人能夠學習效法古人的忠義高風與仁德大節，所以，北臺灣的彩繪瓷版有著「助教化、明人倫」的意義自然是可想而知者。

四、今日台灣亦擁有彩繪瓷版的製作

　　台灣瓷土最初被人發現並且實際開採運用者，原先只有北投瓷土，日本在佔領台灣的初期也曾經在北投設廠而製作陶磁。「早在明治四十一年（1911），日本人松本龜太郎便在此設廠，聘請日本京都技師，製作精緻的花瓶、茶杯、酒杯，產品細膩，頗有日本京都的風味。」〔註48〕之後北投也曾改燒花盆以及一般的日常用碗。而由於「北投瓷土的品質並不如進口的瓷土，藏量也不大，也沒有其他優異條件，因此未能有太大的發展。」〔註49〕而鶯歌則不同，在清代的吳岸、吳糖家族從磁灶鄉來到鶯歌從事製陶事業開始，鶯歌便扮演了北台灣陶瓷製作的重要角色。在日本治理台灣中期的大正年間，鶯歌以吳家為主的尖山陶業，開始有了蓬勃的發展，故，鶯歌的製陶歷史已有 200 年的資歷。

　　早期的鶯歌多以工業用陶與生活用陶為主，但是隨著民國 60 年代建築營造業的景氣時代來臨，鶯歌開始製作建築物用陶瓷，再配合原本既有的製作、繪畫人才，鶯歌也開始有人從事 5×5 英吋（12.6cm×12.6cm）白底瓷版的彩繪工作，由於繪畫及瓷版的品質良好，再加上國內使用需求的推動，由鶯歌所製作的 5×5 英吋（12.6cm×12.6cm）白底彩繪瓷版達到銷售全台灣的榮景，甚至可以接到來自海外的訂單。又根據筆者的田野調查，在民國 70 年代後期，鶯歌製陶業的卓木川先生，也開始模仿製作在日治時期曾經風行一時，由日本所傳入的 6×6 英吋（15.2cm×15.2cm）的釉下彩繪瓷版，但是由於流行風潮已過，在國內並不受到民眾廣為接受，販售情況不佳，便不再製作銷售。此外，日治時代曾經進行第二次翻修的內湖林秀俊墓，其於昭和年代所貼覆的彩繪瓷版因為地形的變動與年代久遠之故，於民國八十三年開始計畫第三次重修，其上毀損的彩繪瓷版即是由鶯歌的製陶師傅——吳良斌先生所模仿製作，然後再重新貼覆於其上。以上種種，至少足以證明了在二十世紀末期的台灣，已經有了製作 6×6 英吋（15.2cm×15.2cm）的釉下彩繪瓷版的能力。

〔註48〕陳信雄，《陶瓷台灣》，台中市：晨星出版文化又限公司，2003 年，頁 135。
〔註49〕同上註。

第四章 現存日治時期彩繪瓷版在淡水河流域的運用與分布

　　淡水河是台灣唯一可通航的水道，是北台灣的重要水路，其下游河床「寬約三百至三百五十公尺，從台北市到河口的十五公里間，河水較深而流速較緩，並受到潮汐的影響，五、六十噸的汽船或是二千公石以下的帆船，尚可通行無阻」〔註1〕。淡水河為台海航運最便利之河川，在清代時帆船航運可上達大溪，輪船可至萬華一帶。

　　淡水河流經的地形又有盆地、河岸、谷地等變化，河岸聚落內的產業條件亦充足，盛產稻米、茶、煤以及樟腦。因此有許多藉淡水河航運經濟而興起的河口城市、河岸城市、內陸腹地城市，或是山邊的聚落城市等等便應運而生，在其沿岸周圍發展起來的城鎮甚多，且各具代表性，如：淡水河的河口城鎮為淡水（古稱滬尾），內陸城鎮早期有士林、大稻埕、艋舺、新莊、板橋、錫口（舊名松山）、南港，山腳城鎮則有景美（舊稱境尾）、新店、三峽、大溪、三坑、深坑等。這些沿河岸而產生的城鎮，自清代以來即息息相關，亦即上、中及下游的關係相當密切。上游城市為出產（茶、煤、樟腦）之第一次集結地，中游城鎮則負責集散轉運工作，將下游城市進口的日用品輸往內陸。

〔註1〕陳正祥，《台北市誌》，台北市：南天書局出版，1997年，頁26。

肆-1　淡水河及其支系圖〔註2〕

　　而在日治時期，淡水河流域更是北台灣經濟發展的重心，並且是人文、商業薈萃之地，況如第三章所述，自西元1858年台灣開港以來，基隆港與淡水港均為北部天然良港，大陸與日本的物資均經此二港而轉運。於是，藉由淡水河河系之便利河運，可以將海外的貨物與北台灣地區所生產的茶葉、樟腦、藍泥、煤礦、木材等藉由水陸交通而轉運貿易，並且交流有無。而馬約利卡瓷磚也就在商業、人文俱發達的淡水河流域，漸次發展，蔚為風潮，流傳至今，在今日的淡水河沿岸及其三大支流──基隆河、新店溪、大漢溪沿岸之地區，仍可見到馬約利卡瓷磚的遺留，足以證明北台灣的彩繪瓷版，的確曾在世界的彩繪瓷版的風尚潮流中，參與了重要的角色扮演。

〔註 2〕翻拍自高賢治主編，《淡水廳志》，《台灣方志集成·清代篇·第一輯15》，台北：宗青圖書出版公司，1995年，頁5。

第一節　淡水河沿岸聚落

　　台北盆地是淡水河流域最主要的生活重心，淡水河沿岸也是先民墾殖的分布地區。淡水河發源於大霸尖山，源頭高達二千多公尺，稱為玉峰溪，流至石門水庫以下，便出了高山峻嶺，在大溪之後改稱大漢溪，在板橋、萬華會合新店溪，流至關渡會合基隆河，最後在淡水出海，全長約 159 公里。本節所欲討論的淡水河沿岸聚落，即是以淡水河流經板橋、萬華以降，以至於出海口之間，包含台北盆地區域內的淡水河流域，以下探討將循當年彩繪瓷版輸運路徑，由下游河口至上游沿岸城鎮而言，將先述及淡水鎮及其鄰近三芝地區，和屬於淡水河商運腹地的大稻埕，以及郊商聚集的萬華地區。

壹、淡　水

　　淡水舊稱滬尾，位於淡水河口北岸，因地處東亞海路的中間位置，又有突起的大屯山地形可以做為航途指標，所以早在西元十七世紀初，先後有西班牙人、荷蘭人在淡水興建教堂及堡壘，做為殖民和宣教的基地，並與大陸沿海商人進行貿易。咸豐八年（1858），中英、中法天津條約明定安平、淡水為通商口岸。在同治、光緒年間，淡水成為北台灣第一大港，洋樓林立，其中茶葉為輸出物之大宗。由於清代以來淡水河港航運的發達，淡水在清代至日治初期一直是台灣北部的第一大貨物的貿易港，旅人與商船進出頻繁，貨物吞吐量常居全台首位，商貿發達，人文鼎盛，淡水河港貿易的興盛當然使得淡水腹地聚落更容易取得建築的磚瓦、木材，可以受到最新穎的建築風尚的沾溉，也更容易接受新式如彩繪瓷版的建築材料，至於現存其在日治時期的遺蹟，則列舉如下：

一、淡水福佑宮（淡水鎮民安里中正路 200 號）

（一）歷史背景

　　福佑宮建於清嘉慶元年（1796），位於淡水鎮民安里中正路 200 號，在今淡水老街上，滬尾港作為清乾隆至嘉慶年間台北盆地之登陸港，在清代時，淡水河與沿岸的街市關係非常密切，碼頭的旁邊經常是最熱鬧的交易場所或是廟口。同樣的，也因為要祈求庇佑的關係，河港邊的廟宇通常會直接建築在河邊，廟宇的門口也通常會正對著河對岸的山頭，這也是古老的風水學的說法，而在清代中葉時期，福佑宮的門前正緊臨碼頭，於是福佑宮附近便成

為淡水港發展的起點。

　　福佑宮建於清嘉慶年間（1796），福佑宮捐建者涵蓋了泉州三邑（晉江、惠安、南安）、同安、安溪及興化、永定、漳州、粵東潮汕或嘉應州的客家人。福佑宮以媽祖為主祀神，左右兩側配祀觀音佛祖，及水仙尊王。福佑宮曾經經過多次重修，於昭和二年（1916）修建時，於正殿左右兩側的石造供桌的正面上，貼覆了樣式新穎且由當時日本國製造的 6×6 英吋（15.2cm×15.2cm）型版〔註3〕彩瓷。

肆-一-(一)-1

淡水福佑宮右側供桌裝飾之彩瓷三幅（昭和二年）

（二）彩繪瓷版裝飾特色

　　淡水福佑宮共計有彩繪瓷版二十四片，肆-一-(一)-1 為福佑宮右側供桌所貼覆之彩繪瓷版，正殿左右石造供桌之上左右各有三幅，由四片所構成一幅圖畫，兩側各自共有十二片，且左右供桌所貼的圖樣相同。從正殿的外而內來觀察，則其主題分別為寒梅、遠山、花蝶。在三幅彩繪瓷版之上，其供桌的正面，則刻繪了供桌興建及彩繪瓷版貼覆的時間。

　　然而於民國九十三年（2004）筆者親赴該地調查時，原本兩側供桌上刻

〔註3〕　「紋樣設計的重點在於圖樣版上，各顏色自有一個樣版。將紋樣中同一顏色的部分雕空在同一樣版上，其後，將各樣版分別覆於瓷磚上，每置一塊噴一種顏色，如此分別上色，完整後以手工修飾線條及加重層次感。」——以上出處為繆弘琪主編，《流光凝煉方寸間》，台北縣立鶯歌陶瓷博物館出版，2003 年 1 月，頁 125。

繪的「昭和」字樣已被後來塗上的「民國」字樣的金色油漆遮蓋住，但若仔細近觀，依然可以清晰看到昭和二年的斧鑿刻痕。

肆-一-(一)-2　寒梅幅特寫

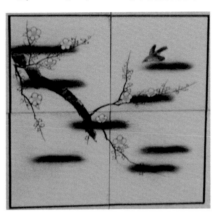

本幅由四片 6×6 英吋（15.2cm×15.2cm）型版彩瓷所構成

　　寒梅幅的梅枝由左上角垂降而下，以對角線構圖的方式架構全圖，枝椏上的梅花有的含苞待放，有的花開正盛，設色清雅而且疏落有致，在右上角添一聞香而來的淡藍色飛鳥，使得全圖具有聲色之美，並且在沉靜中有動感，唯以比例上說來，飛鳥的體型略小，但是若以真正的鳥體尺寸入圖，則恐怕失去均衡之美。梅花自古以來即有著高潔貞毅的象徵，此處以梅花作為對主祀神明媽祖的禮敬。

肆-一-(一)-3　遠山幅特寫

本幅由四片 6×6 英吋（15.2cm×15.2cm）型版彩瓷所構成

　　遠山幅的構圖以均衡的水平式構圖來架構全圖，遠景爲兩座暈染縹緲的
遠山，在兩山之中有河水綿延出其間，近景爲樹林中的低矮人家，林間矮厝
的涯邊以藍色潤綴其間，再以一艘悠遊的帆船以貫穿全圖，圖中顏色以黑白
爲主，間或襯以藍色、綠色、橘紅色，使得全圖在穩定中帶有活潑的氣象。
福佑宮位於淡水河港港口之前，悠遠的山水上綴以舟隻帆船，乃爲了祈求福
佑宮所供奉的媽祖能夠庇祐海上的船隻能夠一帆風順，平安歸來。

肆-一-(一)-4　花蝶幅特寫

本幅由四片 6×6 英吋（15.2cm×15.2cm）型版彩瓷所構成

　　花蝶幅的構圖亦以斜角構圖爲主，全圖的重心爲左側的紅色木槿，以朝
右蔓生而上的枝椏以勾勒出全圖，並在左上添繪一翩飛之蝴蝶，使得全圖充
滿著欣欣向榮的氣息，顏色以白色爲基底，紅色、綠色爲主調，其上飛舞的
蝴蝶則以紅色的相關色黃色爲主體，使得色彩充滿朝氣而均衡。木槿即爲古
典詩詞中的「舜」〔註4〕，《詩經》中以木槿爲形容女子容顏美好的植物，故
在《詩經》的〈有女同車〉〔註5〕中有「顏如舜華」、「顏如舜英」的句子，而
此幅以盛開與含苞的木槿爲主題，與福德宮之主祀爲女性神明媽祖有著密不
可分的關係，而花朵亦有發達的象徵，福佑宮爲滬尾當時的居民之信仰中心，
以盛開的花卉貼覆於供桌以祈求富貴長春。

〔註4〕 潘俊富，呂勝由攝影，《詩經植物圖鑑》，台北市：貓頭鷹出版社，2001 年 6
　　　月，頁 136。

〔註5〕 《詩經》中〈有女同車〉中：「有女同車，顏如舜華。將翱將翔，佩玉瓊琚。
　　　彼美孟姜，洵美且都。有女同車，顏如舜英，將翱將翔，佩玉將將，彼美孟
　　　姜，德音不忘。」

二、淡水民居（淡水鎮屯山里石頭厝 3 號）

肆-一-(二)-1　淡水石頭厝正間全景

（一）建築物概況

　　由於淡水位於大屯火山山腳下，而大屯山火山噴發出來的熔岩所形成的安山岩正是極佳的建築材料，故，在先民們定居淡水的拓墾時代，便有就地取材以石頭砌屋的傳統。在淡水往北新庄的路上，座落著許多幢以石頭砌成的古厝，其中有兩幢古色古香的以石頭砌成的民房古厝，左右兩幢均維持良好，其右邊一幢以人字躺砌成的石頭厝，即為屯山里石頭厝 3 號民居。根據筆者的訪談資料得知，石頭厝 3 號民居其建築年代約在昭和年間，為一落二護龍的三合院建築，其在正間脊堵上有著十二片彩瓷，以三片連成一橫向長幅，共有四幅，其左右二護龍之脊堵上原本應有泥塑裝飾，但因年久失修今已毀損。

（二）彩繪瓷版裝飾特色

　　石頭厝 3 號民居之正間脊堵上的彩繪瓷版共有十二片，彩瓷紋樣不重複共有十二種，以花卉、水果，以及花卉配合幾何紋樣者為主，並且有少見的柿葉紋圖樣，尺寸均為 6×6 英吋（15.2cm×15.2cm），顏色以藍、紅、綠為多。

肆-一-(二)-2 正間脊堵右數第一幅彩瓷

　　右數第一幅彩繪瓷版共有三片，第一片以米黃色爲底，本片彩瓷是以浮雕方式繪製的彩繪瓷版，上繪以紅色木槿，四周以綠葉爲襯，中央點綴以花蕊。第二片以淺綠色爲底色，也是以浮雕方式繪製的彩繪瓷版，四角分別綴以紅色的蓓蕾，中央以水果爲主題，繪製有香蕉，鳳梨，以及粉紅色的桃子。第三片則是以花卉與幾何紋樣結合而成，中央以米黃色爲地，上繪有一朵紅色薔薇（在東方或稱爲月季花）爲主，以三朵藍色薔薇爲副以作爲陪襯，四周綴飾以綠色的枝葉，花卉的四周以藍色的線條勾勒成邊，線條外以粉紅色爲地，配色優雅而溫馨。

肆-一-(二)-3 正間脊堵右數第二幅彩瓷

　　肆-一-(二)-3 右數第二幅彩繪瓷版的右邊第一片是以紅色與綠色爲主要表現色彩的彩繪瓷版，中央是一朵紅色的月季蓓蕾，四角以淺綠色爲地，且綴有如金字塔型的立體刻紋，並以深綠色線條勾勒其間，四邊的中央還繪有切割成一半的紅色八邊形，若是有多片相同的瓷版並列則可以形成四方連續的紋樣。

　　第二片則是以中國傳統吉祥紋樣的果實為主，以白色為地，其中央為一紅綠圓形，並繪有四個呈對稱排列的水果，上下各是佛手與石榴；左右則是桃子與李子，周圍則點綴以茂盛的枝葉，在其四個直角處，則繪有一朵花卉形狀的四分之一圖樣，同樣也是將多片並列的話，也可以形成四方連續的紋樣。

　　第三片則是以幾何紋飾為主，中央繪以四片赭紅色對稱的柿葉紋，其外圍則以天空藍為地，形成一個正方形，在此方形的外圍，則又是以淺黃色為主的方形，方形的四個直角處，則各繪有兩個綠色的正方形，同樣亦採四方連續的方式構圖。值得注意的事，中央的方形是以藍色、紅色為主要的色調，外圍的方形則是以綠色、黃色為基調，二者原本並不為相關色，卻能夠巧妙的配合，在視覺上給人一種特殊的協調感受。

肆-一-(二)-4　正間脊堵右數第三幅彩瓷

　　肆-一-(二)-4 右數第一片彩瓷也是少見的柿葉紋彩瓷，其以黃色為地，中央為一綠色的方形，上下左右各有一片寶藍色柿葉的紋樣，在其四個直角處，則以綠色不規則紋樣為點綴，全片以黃、藍、綠為主要色調，簡單而富有張力。

　　右數第二片彩繪瓷版則以白色為地，中央以紅色的菊花作為主體，菊花中以黃色為花蕊，周圍以淺綠色為飾，又在其四周的直角處各繪有四朵枝葉攀藤的蓓蕾，其蓓蕾亦為紅色，但其枝葉的綠色則較中央花卉的底色綠色為深，蓓蕾的底色則為白色，構圖均衡而且清雅脫俗。

　　第三片的瓷版則與圖肆-一-(二)-3 的中央片相同，只是在底色上做了改變，本片是以寶藍色為底，故較圖肆-一-(二)-3 的中央片更為富麗，貼覆的方式也將之倒置，使得佛手朝下，石榴朝上，增加了一些變化與趣味。但是

若以同樣歷經了數十年的自然洗禮而論，本片的保存則較為完好，毫無龜裂痕跡，全片的呈色均勻，色澤飽滿而亮麗如新。

肆-一-(二)-5　正間脊堵右數第四幅彩瓷

肆-一-(二)-5 右邊第一片為以粉紅色芍藥花為主的花卉彩瓷，本片彩瓷是以浮雕方式繪製的彩繪瓷版，其周圍仍然以淺綠色為底色，在四個直角處以寶藍色勾勒出類似風鈴狀的線條，中央的花卉以偏粉的紅色為主題，向外漸次漸趨清淡，花卉的中間有黃色的花蕊，花卉的下方以深綠色作為枝葉的顏色，在花卉枝葉的底部，又勾以寶藍色的線條作為畫面的基礎，並且增加花卉的整體感與穩定感，使得中央的花卉與四角的類風鈴線條，有著顏色的互動關係。

桂花有許多種，常見的為白色桂花，但亦有顏色為粉紅者，右數第二片乃是以粉紅色桂花與幾何集合而構成的圖案，顏色上仍然以綠色和紅色為主，搭配淺藍色線條，集合了圓形與方形的幾何紋樣。其中央為粉紅色桂花一朵，以墨綠色的線條將之框起，線條外又有綠色的花瓣包圍，其外又是淺綠色的圓形將之包圍，形成外圓內方，中央花朵開放的樣貌，圓形之外有一正方形，正方形的四角則各自擁有一朵粉紅色桂花，正方形方框則以淺藍色為之，在本片的四個直角處則各有一深綠色的三角形。

右數第三片則是藍色的水果盤，其上繪有豐富的水果，顏色上也多以對比的紅、綠為主。本片彩瓷是以浮雕方式繪製的彩繪瓷版，除了成串的葡萄和枇杷之外，其餘的水果都是以偶數出現，有兩個幾乎要撐開的石榴，兩個桃子，兩個李子，水果之後還有鮮綠的葉子作為陪襯，同樣也是以淺綠色為地，在其四個直角處，先以墨綠色勾邊，再繪以粉嫩的桃紅色。畫面整體上給人豐富、豐收的感覺。

貳、三芝源興居（三芝鄉埔頭坑 155 號）

「三芝地名原沿用平埔族凱達格蘭人雞籠社之名，相對於雞籠港之大雞籠社，而稱爲小雞籠社。」〔註6〕故，三芝最早稱爲小雞籠社，漢人入居後稱爲小雞（主）籠莊，清末光緒年間稱「芝蘭三堡」，民國九年時，取原來「芝蘭三堡」中的「三」和「芝」兩字爲地名「三芝」，以後就沿用至今。在今日三芝鄉埔頭坑 155 號──源興居的脊堵上，貼覆有十九片的彩繪瓷版，以下將其說明如後。

肆-一-(三)-1　源興居正間全景

一、建築物背景與概況

源興居李家祖籍爲福建省汀州永定縣，遷居來台灣時最初居於桃園縣龍潭鄉，擔任佃農生活困苦，故於李乾蔥時遷居三芝。「於乾蔥子李財生一代定居三芝埔坪，建源興居，……財生之子李金龍，生李登輝，成爲中華民國第一任直接民選總統。」〔註7〕

〔註 6〕賴智彰主持，《台北縣傳透民居調查「第一階段」》，台北縣政府文化局出版，1990 年 11 月，頁 33。

〔註 7〕賴智彰主持，《台北縣傳透民居調查「第一階段」》，台北縣政府文化局出版，1990 年 11 月，頁 36。

　　建築物本身爲出櫸起無凹壽之紅磚三合院，唯有正間維持良好，平時供人參觀，左護龍帶有增建的水泥建築，並在其二樓之上建有加蓋的建築物。

肆-一-(三)-2　源興居正間脊堵彩瓷全景

二、彩繪瓷版裝飾特色

　　源興居之正間脊堵上的彩繪瓷版共計有十九片，除了中央的三片之外，因爲兩側對稱且紋樣重複的關係，左右兩側彩繪瓷版的花卉、水果紋樣僅有三種。彩瓷紋樣以花卉、水果爲主，色澤今多已淡去，顏色的呈現較不飽滿，以紅、綠、黃爲主，中央三片較爲特殊，竟然是民居建築少見的財子壽的圖樣，應是轉寫紙貼上的白底彩瓷，因年代久遠，筆者於西元 2005 年春天拍攝時，其中兩片之紋樣多以脫落而無法辨認，僅能從其放置的脊堵中央位置判斷該三片彩瓷應爲財子壽，尺寸均爲 6×6 英吋（15.2cm×15.2cm）。排列方式亦以中央的財子壽爲中心，左右對襯各八片，加上財子壽的三片，共計有十九片。

　　故，以下的討論僅以其所擁有的三種花卉、水果紋樣之彩繪瓷版與中央轉寫紙貼覆的財子壽爲主。

肆-一-(三)-3　右數第一、二片相同紋樣彩瓷

　　此兩片相同的彩繪瓷版，在色澤已不復當年的今日看來是以米黃色爲底，其上以浮雕方式繪製的彩繪瓷版，紅色的木槿爲主角，佔滿整個瓷版，在木槿的四周綴以綠色的枝葉以作爲陪襯。木槿的中央以黃色作爲花蕊的顏色，構圖簡單而大方，若是以二片以上的本片彩繪瓷版相連，則會發現本片彩繪瓷版具有二方連續的效果，畫面的中央左右兩側均有一橫生的枝葉，其將可與另一片相連不斷。

肆-一-(三)-4　右數第三、四、五片相同紋樣彩瓷

　　此三片相同紋樣的彩繪瓷版是以淺綠色爲底色，其上以浮雕方式繪製的彩繪瓷版，瓷版的中央是一個盛滿水果的托盤，其上的水果色彩多樣，只是時至今日已不再色澤鮮艷，其中有兩種水果辨識困難，其餘可辨識者有垂下

盤沿的葡萄，滾落的桃子，成熟的石榴等。

肆-一-(三)-5　右數第六、七、八片相同紋樣彩瓷

此三片相同紋樣的彩繪瓷版是以米黃色為底色，上繪有兩朵對稱的紅色薔薇花，薔薇花的四周綴有露出頭的葉片，薔薇花下有纏繞的枝椏，枝椏的顏色是以青綠色構成，葉脈的紋路清楚，並且顯現出旺盛的生命力。

肆-一-(三)-6　居脊堵正中的福祿壽三仙像

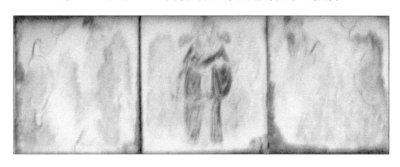

此三片轉印彩繪瓷版的貼覆時間應當是與其他彩瓷同時，但因為年代久遠的關係，又是由貼紙所貼覆的轉印彩瓷，其保存的效果當然不如兩側八片其他的釉下彩繪瓷版，在民居建築上貼覆彩繪瓷版又同時貼覆財子壽的情形，在北台灣的淡水河流域並不常見，但是在澎湖地區則可以常常見到。

福祿壽三仙是民間裝飾常用的題材，以福祿壽三仙來表示「財子壽」之意。常見的福仙造型多為留鬍子、帶官帽、著官服，手持如意，或是在手中展開「天官賜福」的圖樣，即由財神來表示福氣。祿仙則為一員外郎，同樣

也留髭子，戴官帽，手抱持小孩，身邊有時會繪以一隻小鹿，以音喻「祿」
位之意。而壽仙原爲星宿之一，或指南極仙翁，故，壽星多以老人的形貌出
現，長髯飄飄，高高而碩大的額頭，手中多持一象徵長壽的壽桃，或是如意、
扶老（手杖），繪畫中常繪以一隻仙鶴伴隨左右。

參、大稻埕（迪化街一段 32 巷 2 號）

大稻埕曾經是台北城最繁華的地方，從清代到日治時期，隨著淡水開
港，淡水河河運開始走上經濟興盛的黃金時期，大稻埕由原先的一片荒煙蔓
草，躍升爲全台灣最富裕鼎盛的貿易商圈。大稻埕的興起其實是在艋舺之
後，因爲「艋舺地區發生激烈的『頂下郊』的移民械鬥，下郊人輾轉來到大
稻埕，沿淡水河興建毗鄰屋舍、重修廟宇，並從事對渡貿易，逐漸形成街
市。」〔註8〕淡水河開放通商以後，整條淡水河沿岸的城市都可以是通商的口
岸，其中以艋舺、大稻埕爲最熱鬧的商貨交易集散地，但是由於艋舺的河口
逐漸淤積，又加上居民的排他性強，間接造就了大稻埕附近成爲大台北地區
貨物商品的聚集中心。尤其是大稻埕的迪化街一帶，更是大稻埕商圈的核心
地帶，以南北貨、藥材、布帛的批發爲迪化街最主要的行業。也由於迪化街
當年商號林立，洋商雲集，建築物的裝飾競相以華麗互相較勁，在其裝飾細
部上採用最時尚的彩繪瓷版，更是不足爲奇，故，筆者於實際的田野調查中
發現，位於迪化街一段 32 巷 2 號的大山行，便在建築物的外觀上，貼覆了彩
繪瓷版以作爲裝飾上的醒目搭配。

一、大山行建築物概況

位於迪化街一段 32 巷 2 號的大山行，過去是大稻埕地區重要的牙醫診所
——玉同齒科，經過物換星移，已經成爲今日的便利商店，屋主爲許坤龍。
大山行爲一三層樓的五開間轉角街屋建築，在其正立面有以花草作爲裝飾
的泥塑山牆，在其正立面的二樓與三樓女兒牆上都設有四支間柱，四支間
柱均漆上華麗的紅漆，在三樓女兒牆上設有一突出的泥塑水平露台作爲視
覺的焦點，又在該水平突出的露台上，按等距離貼覆有四片 6×6 英吋
（15.2cm×15.2cm）彩繪瓷版，以作爲聚焦的裝飾作用，完全吸引住來往人
們的視線。

〔註 8〕黃沼元，《台灣的老街》，台北縣：遠足文化事業出版有限公司，2002 年，頁
33。

肆-一-(四)-1　大山行為一三層樓的五開間轉角街屋建築

在其正立面三樓女兒牆上設有一突出的泥塑水平露台，又在該水平突出的露台上
按等距離貼覆有四片 6×6 英吋（15.2cm×15.2cm）彩繪瓷版

肆-一-(四)-2　水平露台近照

可看出露臺上所貼覆之四片彩瓷

二、彩繪瓷版的裝飾特色

在大山行的三樓女兒牆上，設有一突出的泥塑水平露台，又在該水平突出的露台上，按等距離貼覆有四片 6×6 英吋（15.2cm×15.2cm）彩繪瓷版，該彩繪瓷版以菱形貼覆方式呈現，紋樣共有兩種，四片兩兩相同，均為幾何圖形，以顏色整體上而言均以綠色、白色為主，搭配以少許的黃色、橘紅色，以作為與上方紅色間柱的對比，造成大山行建築物整體高雅穩重中，有不失活潑的氣象。

肆-一-(四)-3　大山行居中的左右兩片之紋樣

本片彩繪瓷版以線條紋樣為主，顏色共可分為四種，以綠色為主體，輔以白色、藍色及橘紅色。在淺綠色的底色上，繪以深藍色的邊框，又在邊框的四個角落，繪以四個弧形線條，線條均可向外延伸，形成四方連續的形式。在弧線的內部構成一個八角形的區塊，區塊內部則加繪一朵線條化的白色雛菊，白菊的中央則有紅色的花心，及四條放射而出的線條，花心的中央又以深藍色圈繪，與邊框的顏色相為呼應。

肆-一-(四)-4　大山行左右外側的兩片之紋樣

本片 6×6 英吋（15.2cm×15.2cm）彩繪瓷版是以抽象化的植物紋飾及幾何形狀作為畫面的主體，顏色上以白色為底，以綠色、黃色、天藍色作為陪襯。畫面的中心是一朵綠色的方形抽象化的花朵，花朵的中心位置是以黃色十字形光芒形狀的花蕊，在其花蕊正中又有一綠色小點，而花朵的底色是一白色除去四個尖銳直角的正方形，又在本片彩繪瓷版的四個直角處，繪有四個朝畫面中心生長的草葉植物，植物的安排也是採取一心二葉的方式，以中心為中軸，兩側對稱各有一片葉片，接著在此葉芽之上，再以兩條白色的線條勾勒，若是將此彩繪瓷版以四片以上並列，則可以發現其具有四方連續的特色，四角連續的花紋將會再度形成一個正方形，此方形將以綠色的葉片為中心，該四個葉片將會形成一個新的花卉形狀，使得畫面更加豐富多元。

肆、萬　華

萬華舊名艋舺，亦作「蟒甲」、「文甲」、「莽葛」，為凱達喀蘭族語 MOUNGAR 之音譯，意指獨木舟及獨木舟聚集之地。最初僅凱達喀蘭族在此居住，他們以獨木舟載運至淡水河上游新店溪，與漢人互相交易，久之，本地遂得「艋舺」之名。

清代初期的乾隆年間，艋舺靠著濱臨淡水河的優越地理位置，成為台北盆地的貨物集散中心之一，但是到了乾嘉年間，新莊河港逐漸淤積，加上艋舺又位於台北盆地的水路輻輳位置，開始有逐漸將重心移往艋舺的趨勢，輔以前文所述及的泉郊、北郊，以及廈郊的「三郊」設立之後，大陸來的商船可經淡水河直達艋舺，艋舺地區遂在當時成為北台灣商業最繁榮的市集地。在日治時期的大正年間，萬華地區的市區發展已達到飽和，萬華地區的街道，在配合日本人都市計畫改正的措施之下，開始有了重新規劃改建的契機，在經濟條件與政策條件的雙重配合之下，艋舺地區開始有了新的建築群，在此新興建築的裝飾之上，選用了卻深受東亞及台灣地區居民喜愛的彩繪瓷版，以作為建築的裝飾之用，並且得以彰顯擁有者的財富與地位，故，彩繪瓷版的流行之風席捲艋舺地區，自然是可以想見的光景。

「由康定路、廣州街、昆明街一帶所包圍起來的街廓，古稱剝皮寮，乃因清朝福州商船進口杉木，多在此剝去樹皮而得名。」﹝註9﹞另外，康定路一

﹝註9﹞黃沼元，《台灣的老街》，台北縣：遠足文化事業出版有限公司，2002年，頁40。

帶，因為早期展為煤炭的集散地，而通稱為「土炭市」，故此帶居民經濟情況良好，擁有不少精緻的洋樓建築，故，根據筆者在萬華地區的田野調查，雖然此地建築物之創建多已經經過數十年的光景，依然可以發現萬華地區的建築的確充滿著大正時期富裕、華麗的氣氛，在這些巴洛克風情的建築物之中，現在所保留在萬華地區的彩瓷建築物，發現在康定路上，總共有二幢建築擁有彩繪瓷版，分別是康定路 102、104、106、108 號的四開間街屋建築，以及康定路 279 號街屋建築。以下將就此二棟建築來作分析及探討。

一、康定路 102、104、106、108 號

（一）建築物概況

根據筆者實際的田野訪查得知，位於今日西門町附近的康定路偶數的 102～108 號四開間街屋建築物，屋主原來為林姓家族，僅 108 號處有經營木材生意，其餘均原本做為住家用途，今因人去樓空，僅租為他人當作店家及車庫用，承租人亦無法得知其詳細資料，僅能就其附近街坊的訪談資料而略知一二。

康定路 102～108 號，為一四開間式二層樓街屋，同樣均具有三段式山牆，山牆之柱頭均有相同之洗石子水泥塑球體作為裝飾，正立面均以紅磚與洗石子相間做為裝飾，亦均開出水車堵，但是在其正立面的建築裝飾上多以

肆-一-(五)-1　康定路 102、104 號現況全景

肆-一-（五）-2　康定路 106、108 號彩瓷建築現況全景

素樸為主，除了幾何的泥塑線條外，沒有多餘的裝飾，尤以四開間之山牆中央各做貼覆九片 6×6 英吋（15.2cm×15.2cm）彩繪瓷版之處理，且在女兒牆的左右欄板之上各貼覆四片相同之彩繪瓷版，且四開間完全一致。以擁有彩繪瓷版的數量來說，康定路偶數段的 102～108 號四開間街屋建築物不可謂之不多，但是就其紋樣的內容上而言，卻相對的單純不少，僅僅擁有五種紋樣的彩繪瓷版，在北台灣的淡水河流域沿岸，顯得最為特殊。

（二）彩繪瓷版的裝飾特色

然而就其彩繪瓷版的裝飾特色而言，因為年代久遠，今日康定路 108 號之山牆上的彩繪瓷版全數已不復得見，殊為可惜。四開間之四面山牆之上，原本各自有九片彩繪瓷版，由今日僅存的另外三幅觀察可以得知，均以幾何的紋飾內容為主，雖然九片的紋樣相同，但是此三幅之紋樣並不重複。色彩分析上，除了四開間之女兒牆上的彩繪瓷版均以單一藍色植物紋樣者為主之外，其餘的三大幅其主體顏色則顯得多樣斑斕，由右至左（102～106 號）分別是綠色、金黃色、藍色，整體說來，且所選擇的彩繪瓷版全數為四方連續的紋樣，就現存的三幅整體而言，此四開間之街屋建築所使用的彩繪瓷版，均在裝飾主題的簡約中見其華麗綽約之風姿。

1. 四開間三樓女兒牆上之彩繪瓷版

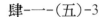

肆－一－(五)-3

四開間三樓女兒牆上之植物紋樣彩繪瓷版 6×6 英吋（15.2cm×15.2cm），共有十六片

　　位於四開間三樓女兒牆上之彩繪瓷版均為相同紋樣之彩繪瓷版，其總共擁有十六片，紋樣的顏色上均以橘色為外圍之底色，其中央為天藍色、淺紫色、深紫色，彩繪瓷版則以植物的紋飾為主，其上的線條則以深紫與淺紫色的類似卷草植物的紋樣作為畫面的主題，而其卷草植物開放的方式為左右對稱，向畫面的兩側開展，構成一三角形構圖的形式，中央的畫面以植物之枝枒環繞做為裝飾，枝枒彎曲交疊一直延伸到彩繪瓷版的四個角落，在四個直角處均可見到其蜿蜒的植物枝蔓，其貼覆的方式以 45 度立式貼覆，瓷版貼覆的方向不一，有的捲草紋樣的尖角朝右下，有的捲草紋樣的尖角朝右上，並沒有一定的方向。

2. 康定路 102 號彩繪瓷版

肆－一－(五)-4

康定路 102 號山牆上的九片彩繪瓷版 6×6 英吋（15.2cm×15.2cm）

在康定路 102 號山牆上，其彩繪瓷版均以 45 度立式方式貼覆，有九片的相同紋樣的 6×6 英吋（15.2cm×15.2cm）彩繪瓷版，以顏色上說來，只有白色和綠色，紋樣上則以綠色的四方連續的線條爲主，其線條若以單一片彩繪瓷版而言，則無法確切看出其全貌，但是將多片彩繪瓷版並排時，則可以發現其構成如同中國傳統建築上的窗花般的四方環形，環環相扣，且接連不斷。

3. 康定路 104 號彩繪瓷版

肆-一-（五）-5

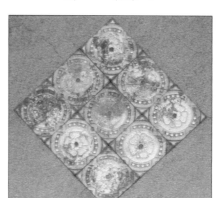

康定路 104 號山牆上的九片彩繪瓷版 6×6 英吋（15.2cm×15.2cm）

本幅彩繪瓷版是由九片 6×6 英吋（15.2cm×15.2cm）彩繪瓷版所組成，紋樣全數相同，其顏色上爲少見的偏金色的黃色，由黃色而做深、淺的變化，在街屋的山牆上顯得閃閃奪目。每單一片中央均有一五瓣的花朵，其花朵的顏色與底色相同均爲淡黃色，花卉的周圍爲一環狀圓形，環形上又以許多圓點點綴之，在此環形之外，又有一較深的黃色環狀將以上的紋樣包圍，形成整體畫面的中心，環形上有四個等距離的小的半圓形，再環形與瓷版的四個直角相接處，則爲一橫切線，使得彩繪瓷版形成四方連續的紋樣，每當將多片彩繪瓷版相接時，環形上的小半圓型則與另一片相接，又形成一小的圓形，四角的橫切線與其他的三片彩毀瓷版相接時，則會形成一小的正方形，使整體畫面更加豐富而有趣。

4.康定路 106 號彩繪瓷版

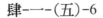

肆-一-(五)-6

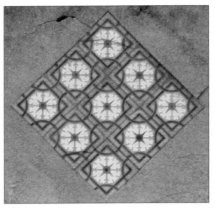

康定路 106 號山牆上的九片彩繪瓷版 6×6 英吋（15.2cm×15.2cm）

康定路 106 號山牆上之九片彩瓷，其四個角落採連續性發展紋樣，又可以再形成一個新的圓形，本幅所使用的彩繪瓷版，與金山金包里街 26 號上的彩繪瓷版，及大稻埕大山行的彩繪瓷版相同，但是其因為環境上較金山為乾燥的台北盆地，故，以今日觀察而言，其彩瓷樣貌較金山者為清晰。且以三處的本紋樣的彩繪瓷版而言，唯有本處的彩繪瓷版是以多片並列，才能看出本紋樣彩繪瓷版的四方連續型態，使得在畫面中有正方形、圓形，環環相扣，以天藍色、深藍色為主要的畫面構成，整體的視覺印象上，在正方形之中有白色的抽象化的菊花，菊花之中有圓形的橘色花心，花心處還有向四方射出的十字型光芒，畫面整體顯得素雅中有活潑的氣氛。

二、金義合行（康定路 279 號）

（一）建築物背景及概況

在萬華康定路上 279 號的金義合行，現在的主人為陳芳鑄先生，金義合行早期以經營碗盤的國際貿易為主，貿易的對象又以日本為大宗，起初屋主以一樓為公司，二、三樓為住家，但今日住家已遷至他處，全棟樓均作公司與倉儲用途，一樓仍為公司，二、三樓則為倉庫，仍然經營碗盤類的國際貿易，只是所貿易的對象不再以日本為大宗，而是以歐洲為主〔註10〕。

〔註10〕以上資料來自筆者與金義合行之職員之訪談整理，2004 年 10 月。

肆-一-(六)-1　萬華康定路上 279 號的金義合行全景

　　金義合行爲一幢三層樓四開間的街屋建築，其右邊之二層樓之建築爲後來加蓋者，正立面以紅磚與洗石子爲主要裝飾，在二樓與三樓之間，以對稱的方式貼覆有彩繪瓷版各三大幅。所擁有的彩繪瓷版尺寸共有三種，此爲其較爲特殊之處。

（二）彩繪瓷版之裝飾風格

　　金義合行在二樓與三樓之間的六福彩繪瓷版，每一幅均由六片 6×6 英吋（15.2cm×15.2cm）之所彩繪瓷版組成，在其周邊再貼覆以 3×6 英吋（7.6cm×15.2cm）彩繪瓷版，又在每幅的四個直角處貼覆有 3×3 英吋（7.6cm×7.6cm）之轉角彩繪瓷版。左右開間花色紋樣對稱，且均以花卉爲主，花色簡單而不繁複，予人高貴之感，無論是貼覆在金義合行任何尺寸之彩繪瓷版，顏色均以綠色爲主，紅色爲次。所擁有的彩繪瓷版尺寸上共有三種，紋樣上亦共有三種。

肆-一-(六)-2

康定路279號金義合行所貼覆的彩繪瓷版紋樣之一

　　本幅彩繪瓷版所使用的彩繪瓷版，是以六片花卉紋樣的 6×6 英吋
（15.2cm×15.2cm）彩瓷所組成，其中六片紋樣一致，以白色為底，在其四角
落有綠色為襯，主要的畫面重心是一朵菊科花卉，並在其花卉旁繪有一朵低
垂之蓓蕾，紋樣單純而清雅，事實上，本片彩繪瓷版的紋樣，與內湖林秀俊
墓園中，以及深坑德興行所使用的彩繪瓷版的紋樣完全相同。

肆-一-(六)-3

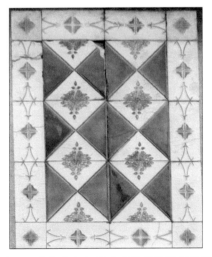

康定路279號金義合行所貼覆的彩繪瓷版紋樣之一

肆-一-(六)-4

金義合行所貼覆的彩繪瓷版紋樣之一的特寫

　　本幅彩繪瓷版亦同樣以六片花卉爲主的 6×6 英吋（15.2cm×15.2cm）彩繪瓷版所構成，在其周圍貼覆有 3×6 英吋（7.6cm×15.2cm）彩繪瓷版，又在每幅的四個直角處貼覆有 3×3 英吋（7.6cm×7.6cm）萬華康定路 279 號之轉角彩繪瓷版。其中作爲畫面主角的彩繪瓷版，根據筆者田野調查，與深坑目前已經遭人毀壞的理髮廳的殘片是相同的紋樣（見本章第三節），其以綠色爲主要的顏色，白色與紅色爲次。畫面的中央是兩個以尖端相對的綠色等腰三角形，以及同樣以尖端相對的白色等腰三角形，並且在白色的三角形之中，繪有半朵紅色牡丹，若是將兩片本彩繪瓷版並排，則可以發現其具有二方連續的紋樣形式。

肆-一-(六)-5

金義合行所貼覆的邊框彩繪瓷版與轉角彩繪瓷版的特寫

　　在金義合行所貼覆的邊框彩繪瓷版，與轉角彩繪瓷版，其中的內容爲相同，而其尺寸爲相異。其中央以一個接近四方形的綠色方塊爲主，而在其中

又繪有一橘紅色的十字形紋，在此方形的兩端，再繪有兩個朝外張開，彷彿巴黎鐵塔形狀的綠色線條，塔頂又繪有一個橘紅色的三角形尖頂，若是將兩片本紋樣的彩繪瓷版並排，則可以發現其亦具有二方連續的紋樣形式。至於該轉角處的 3×3 英吋（7.6cm×7.6cm）的彩繪瓷版，其紋樣與邊框的彩繪瓷版完全相同，可以說是完全要為了作為此紋樣邊框的轉角瓷版而繪製的彩繪瓷版。

第二節　基隆河沿岸聚落

　　淡水河支流基隆河發源於台北縣平溪縣菁桐坑，全長八十六公里，流域面積約五百平方公里。上游河道往東北東方向流動，經三貂嶺後，轉向北北東，經過侯硐後河谷逐漸開闊，並轉向西流，自瑞芳以下，河道十分曲折，流經暖暖、八堵、七堵、六堵、五堵、汐止、南港之後進入台北盆地，在關渡附近匯入淡水河。而基隆河為貫穿台北市的主要河流之一，「基隆河下游亦可通行木船，從前基隆河自汐止以下的二十七公里間，皆可通航」〔註11〕，故，在清代時期北臺灣的松山（古稱錫口）地區即與福建沿海一帶往來，在今日台北市饒河街附近即是當年的渡船頭，但是基隆河的航運在鐵、公路運輸發達後，逐漸被鐵路及公路取代。然而基隆河沿岸聚落，在 1858 年淡水開港以後即開啟了沿岸諸港埠聚落對外的商業貿易史，日治初期的貨物運輸亦可藉著基隆河運而將其輸通有無。以下將就筆者調查在基隆河沿岸的彩繪瓷版之遺留，所做的說明與紀錄：

壹、內湖〔林秀俊墓〕

一、地理歷史背景

　　內湖區以在清代時稱內湖庄而得名，因其境內多小盆地地形，閩南語「湖」為盆地之意，故以「湖」稱，內湖即內部盆地之意。內湖地區位於基隆河沿岸，在清代以及日治時期均有開墾的紀錄，在台北縣誌及相關地方志中均有關於林秀俊的墾闢記錄。至於林秀俊與內湖地區之淵源，以下將參考《台北市的三級古蹟林秀俊墓古蹟調查研究及修復計畫》一書之報告，整理說明如下：

〔註11〕陳正祥，《台北市誌》，台北市：南天書局出版，1997 年，頁 26。

肆-二-(一)-1　內湖林秀俊墓全景

昭和三年第三次重修，2004 年筆者攝

「林秀俊，福建省漳埔縣人，字茂春，乳名王，號成祖，又號天成，生於清康熙三十八年（1699）7 月 15 日……」〔註12〕林秀俊於清康熙末年間來台，居住在大甲，起初貸原住民番田耕種，北上淡水後，加入台北盆地之開墾，於康熙五十九年（1720）以林天成墾號與陳鳴琳、鄭維謙等合夥開墾大佳臘，並因熟悉原住民語及原住民風俗民情而受到清廷所用，任職淡水社、大甲社及苗栗後壠社之通事，負責傳達政令，教化生番，媒介「社商」與原住民貿易，及仲介漢人購買原住民的土地，並且幫助政府緝兇平亂，前後任期共達五十年以上，爲北台灣台北盆地開發史上最著名的「通事」、「墾首」、「水利工程師」。推行「以水換地」，或稱「以地換水」的水租制度，以助於開墾耕殖之推行，因而得利富甲一方，名噪一時。

內湖林秀俊墓園，完工於清乾隆三十九年（1774）〔註13〕，當時爲林秀俊去世後的第三年，後來經過年代久遠，土壤流失，水土保持失調以及植物的破壞，「在日治時代昭和三年（1928），由當時林成祖祭祀公業管理人林慶仲及董事等重修。」〔註14〕此爲第二次重修，第二次重修時增添林秀俊墓許多裝飾的吉祥意涵，「裝飾建材選用宜蘭產的寒水石洗石子牆面，計有墓肩牆、墓領巾、枕頭、螺鼓、及全部墓手牆，南瓜柱、避邪物金鎗柱、金剛槌

〔註12〕翁清源建築師事務所，《台北市的三級古蹟林秀俊墓古蹟調查研究及修復計畫》，台北市政府文化局指導，2001 年 7 月，頁 12。
〔註13〕翁清源建築師事務所，《台北市的三級古蹟林秀俊墓古蹟調查研究及修復計畫》，台北市政府文化局指導，2001 年 7 月，頁 102。
〔註14〕同上註。

柱等等。」〔註15〕並在墓碑兩側的墓肩位置以及兩旁延伸的墓手牆面，以及左右的金剛柱位置，均貼覆有華麗的 6×6 英吋（15.2cm×15.2cm）彩瓷或 3×3 英吋（7.6cm×7.6cm）的小型轉角彩繪瓷版。

二、彩繪瓷版的裝飾特色

林秀俊墓的建築配置，是以通過墓碑中心之中軸線爲基準，對稱規劃，墓園主要構件包括了：墓身、墓首、墓埕及土地神等部份。以洗石子牆面與彩繪瓷版搭配運用，以增添吉祥與裝飾趣味。以下將就其所貼覆之紋樣而做分析與說明。

林秀俊墓上的彩繪瓷版自昭和三年（1928）貼覆到現在，原本遭自然破壞嚴重，彩繪瓷版有龜裂破損之情形，但是經劃爲台北市第三級古蹟後，並於民國八十三年第三次修整後，才使得此處的彩繪瓷版得到較好的維護，其中破損的彩繪瓷版，據筆者調查，乃由翁清源建築師委託鶯歌陶瓷製作師傅吳良斌先生重新仿製〔註16〕。其餘未破損的昭和年間所貼覆的彩繪瓷版，經重新整理清洗後，其紋樣與花色至今依然維持亮麗如新，色澤飽滿而豔麗，足見當時其彩繪瓷版之品質。經筆者統計，全墓園總共使用彩繪瓷版 106 片，彩繪瓷版紋樣共計有十四種，尺寸可分成兩種，以 6×6 英吋（15.2cm×15.2cm）的彩繪瓷版最多，以及少數 3×3 英吋（7.6cm×7.6cm）的小型轉角彩繪瓷版。若是以其內容說來，以花卉、植物紋樣爲主，只有少數的幾何圖形，亦同時有花卉與幾何綜合搭配者。值得注意的是，左右各有多片柿葉紋圖樣之彩瓷，其柿葉紋紋樣之彩繪瓷版共有二種，二種皆與淡水石頭厝脊堵上之柿葉紋彩繪瓷版相同，且完全沒有見到水果圖樣，而唯一的 3×3 英吋（7.6cm×7.6cm）的小型轉角彩繪瓷版的紋樣則以單片葉形爲主體，襯以左右二片紅葉，是少數純粹以葉形爲裝飾者。整體而言，顏色上則多以綠色爲主，紅色爲輔，藍色次之，黃色又次之。

同一花色中多有重複，少則是二片重複，多則有十六片重複者。其貼覆的方式，墓肩以左右對稱各四片，左右墓手也是以對稱方式排列，內墓埕左右兩側墓手及中墓埕左右兩側墓手分別各貼覆有彩繪瓷版十二片；外墓埕左右兩側墓手則可以分爲三段，各以六片、八片、六片方式貼覆而成。

〔註15〕同上註，頁 36。

〔註16〕據吳良斌先生告訴筆者，以今日的技術而言，按照釉藥的不同，他以780～900 度之間的溫度即可燒製完成。

肆-二-(一)-2

林秀俊墓的兩側墓肩部份各貼覆四片彩繪瓷版
其中以對稱方式排列，紋樣共有兩種，均以花卉爲主

肆-二-(一)-3　內湖林秀俊墓之左側墓手彩瓷

昭和三年貼覆，前景之左右兩端彩瓷均爲「柿葉紋」圖樣

肆-二-(一)-4　內湖林秀俊墓園右側墓手彩瓷

　　林秀俊墓園中的彩繪瓷版共有十七種，其中有三種顏色相同，故，眞正紋樣不同的則有十四種，而其中有兩種繪有柿葉紋的彩繪瓷版，與淡水石頭厝民居脊堵上的彩繪瓷版是相同的紋樣，而在其墓肩兩側的粉紅色木槿彩繪瓷版，也與淡水石頭厝脊堵上的木槿彩瓷紋樣相同，僅在兩朵木槿的顏色上做出一深紅一淺紅色的區隔，而此種色澤的搭配之木槿彩瓷乃與桃園餘慶居相同，爲避免重複說明，以下將把林秀俊墓園中，與前文所述不同的其餘十一種彩繪瓷版，分成幾何紋樣、花卉紋樣來做概要地紀錄與分析：

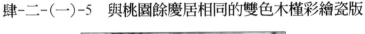

肆-二-(一)-5　　與桃園餘慶居相同的雙色木槿彩繪瓷版

（一）植物紋樣類

1. 黃色花朵者

肆-二-(一)-6

　　本片彩繪瓷版是少數葉子在畫面中的佔比大過於中央的花卉，且花卉非以傳統的紅色為主題，而是以黃色的花朵為題者，圖肆-二-(一)-5 以植物花卉為主題，顏色採用綠色以及其相關色黃色為主。先在彩繪瓷版的四個角落上繪以一芯二葉形式的嫩葉各三辦，四角的嫩葉芯部均朝內，在畫面的中央又有一順時鐘方向的五瓣鵝黃色團花，在此鵝黃色團花之中央，再有一朵銘黃色的重瓣菊科花卉，在畫面的中間有醒目的效果，而整片彩繪瓷版的底色亦為淺黃色，畫面中雖然有三種黃色，卻不重複，又與綠色的嫩芽相襯，整體上給觀者清雅的感受。

2. 紅色似海棠花者

肆-二-(一)-7

　　本片彩繪瓷版是以植物花卉為主題，顏色上只單純的使用紅色與綠色，而底色為白色。畫面的四個角落為立體捲曲成圓形的線條，圓形線條的中間有立體的小點以點綴之，以增加活潑之感，在畫面的中間是如意形式的白色區塊，在其中央則繪有類似重瓣的四季秋海棠花的粉紅色花卉，花卉的安排上以一朵完整的海棠花正面為主，其後則搭配著兩朵海棠花的側面，以紅色而言採用三角形構圖的方式以完成畫面的呼應，在花卉的四周，再點綴綠色的青葉，主體明顯且華麗。

3. 紅色似報春花者

肆-二-(一)-8

　　本片彩繪瓷版同樣是以草本植物花卉為主題，但是在畫面上更為單純，除了花朵以外並沒有其他的裝飾因素，顏色上只單純的使用紅色與綠色，而底色今日看來為米黃色。花朵的安排上以類似報春花的花卉作為畫面的主角，且同樣也是採取紅色三角形結構的安排，以一朵報春花的正面作為畫面的左側主角，畫面右邊則是另一朵的側面，在畫面上方安排了一朵初生的蓓蕾，並且在畫面上下兩側安排了綠葉作為陪襯，葉面則以水平式平行的伸展方式，給予畫面活潑之外的安定感。

4. 紅色似月季（玫瑰花）者

　　以紅色月季（玫瑰花）為主題的彩繪瓷版，應當是北台灣淡水河流域出現在彩繪瓷版上的花卉中，所佔比例最高者。

肆-二-(一)-9　　　　　肆-二-(一)-10　　　　　肆-二-(一)-11

以上三片彩繪瓷版均以紅色的月季為主題，一般人多以為是西洋的玫瑰花，此類彩繪瓷版既是日本為了迎合中國的市場所設計的吉祥紋樣，所以當然是中國人彩繪喜愛的花卉品項，況且西方的玫瑰花其品種其實是來自中國。月季花在中國傳統象徵吉祥的花卉，因為月季花又名為長春花，在古典的詩詞中多有受到歌頌的紀錄。所不同的是，肆-二-(一)-9 是以單朵的月季為主體，在四個角落點綴以綠色的立體方形，以增加畫面的聚焦，使得觀賞者的眼光多集中在畫面的中心。而圖肆-二-(一)-10 及肆-二-(一)-11，其紋樣原本是相同的，只有在月季的周圍四角的選色做變化而已，圖肆-二-(一)-10 是以華麗的青綠色與天藍色做主角月季花的陪襯，在主體月季的四周又以金色勾邊，增加了畫面的燦爛效果。相形之下，圖肆-二-(一)-11 則要顯的穩重且保守多了，其只在紅色的月季周圍鋪以墨綠色作為陪襯，使的畫面更為單純，也使得主角月季花更為醒目與嬌艷。

5.紅色似菊科花卉者

肆-二-(一)-12　　　　肆-二-(一)-13　　　　肆-二-(一)-14

菊科花卉是彩繪瓷版紋樣設計上最常出現的花卉之一。菊花是中國傳統中代表吉祥的花卉之一，且種類繁多，此三片彩繪瓷版均以紅色的抽象化菊花為主，將菊花至於畫片的中央，在其周圍以深綠色作為陪襯，而菊花的底色共有三種，分別為肆-二-(一)-12 的黃色，肆-二-(一)-13 的白色，以及肆-二-(一)-14 的天藍色，花卉的右側亦有一朵小蓓蕾，低低垂頭，顯示出嬌羞的樣貌，而畫面中央的主角，則是一朵朝上方開放的菊科植物，三片重瓣的菊花均為紅色，在花芯處均繪有花蕊，底色白色的花蕊為黃色外，其於另外兩種彩繪瓷版的花蕊則為綠色，可與底色的天藍色與黃色做關係色的呼應，並且在花卉的下方繪以枝葉以為花朵的陪襯，而作為畫面主角的小菊花彷彿

是向著象徵希望的陽光，展現出一派生機勃勃的氣象。

6. 不知名的紅色花卉

肆-二-(一)-15　　　　　　肆-二-(一)-16

　　此二片彩繪瓷版是以紅色的花卉爲主要的裝飾，圖肆-二-(一)-15 是以花卉所結成的花圈的形式作爲主要的裝飾構成，顏色上以紅色、綠色、及天藍色爲主，畫面的中心是一個天藍色的蝴蝶結由上方垂降而下，左右是紅色的錦簇花團，花團的下方是陪襯的綠葉，畫面既給豐富的充實感又給人簡約的單純。圖肆-二-(一)-16 則是以紅色、綠色及及藍色爲主，底色爲米黃色，畫面的中央是三朵五瓣的藤蔓類花卉，花朵的後方以天藍色爲襯，又在花卉的四周以許多嫩綠的葉片作爲畫面的配角，給予人溫馨、溫暖的充實感受。

7. 綠色紫蘇葉片類

肆-二-(一)-17

　　本片爲 3×3 英吋（7.6cm×7.6cm）的小型轉角彩繪瓷版，其底色以白色爲地，紋樣則以單片紫蘇葉形爲主體，輔襯以左右二片紅葉，畫面簡單而均

衡，林秀俊墓園中所有的 3×3 英吋（7.6cm×7.6cm）的小型轉角彩繪瓷版均位於墓埕的兩側的金剛柱上，金剛柱體上方爲十四面立方體造型，外飾面是洗石子，在其上（四周及上方共五面）貼覆有五片的彩繪瓷版，彩繪瓷版之大小形式均爲相同者，貼覆的方式亦均爲 45 度側立如菱形的形式，如圖肆-二-（一）-17。

（二）幾何紋樣類

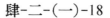

肆-二-（一）-18

1. 本片彩繪瓷版則是以幾何紋樣爲主，選用的顏色以綠色及紅色、白色爲主，又在綠色中有深淺的變化。中央的紋樣是一個正方形的綠色方塊，方塊中央再點綴以白色的立體小點，在綠色方形區域外，又有白色的方塊，在白色的方形之外，又有一個淺綠色正方形，且在淺綠色正方形的四個角落點綴以墨綠色的方塊，而淺綠色正方形之外則綴以粉紅色的梯型，使得畫面又充滿對比色的活潑與力量。

肆-二-（一）-19

2. 本片彩繪瓷版同樣也在畫面之中以幾何紋樣爲主體，選用的顏色以綠色、天藍色、白色以及黃色爲主。畫面的中央是一個黃色的圓形，圓形之外又包覆以一個天藍色的環形，再者，在此之外是，看似由兩個正方形重疊而形成的八角形，八角形的邊上以天藍色勾邊，在八角型之外以墨綠色區塊點綴，以構成穩重的收束感，在本片彩瓷的四個直角角落處，也以與中央圓形相同的黃色正方形點綴，以作爲畫面內外的呼應。

貳、金山（金包里街 26 號）

根據筆者的田野調查訪談得知，金山舊稱爲「金包里」，「金包里」之名稱，是依照番語口音「基巴里」翻譯漢字而來，是此地凱達格蘭族之「金包里」社的社名。在日治時期，本地稱爲金包里堡。民國九年，因爲以地形而言，金山背對大屯山，於是將其「包」字去掉，加上「山」字，改爲「金山」，光復後，便依照原金山莊區域改設金山鄉，一直沿用至今。

肆-二-(二)-1　金山金包里街 26 號的博愛中藥鋪全景

日治時期的大正年間

一、建築物歷史地理背景

位於金山金包里街26號的博愛中藥鋪，創建的時間約在日治時期的大正年間，屋主原爲王蕃先生，今經營者爲王蕃先生之孫媳婦李秋香女士。王蕃出身中醫世家，清代末期從福建來到金山，與金包里老街經營中藥鋪同時替病人看診，初起原爲低矮房子，待逐漸有盈餘的時候才於大正年間翻修成二層洋樓街屋建築。

本建築物爲單開間兩層樓街屋建築，正立面以紅磚爲結構，並以泥塑爲主要裝飾，具有三段式山牆，兩側有紅磚與洗石子相間之磚柱，二樓邊柱及其中央之二磚柱間貼覆有 3×6 英吋（7.6cm×15.2cm）彩繪瓷版，一樓之水車堵上原貼覆有 6×6 英吋（15.2cm×15.2cm）彩瓷十片，但今僅存有四片。

二、彩繪瓷版裝飾特色

金包里街屋的彩繪瓷版其內容均以花草幾何紋飾爲主，二樓的 3×6 英吋（7.6cm×15.2cm）彩繪瓷版，其彩瓷紋樣、尺寸均同，顏色以綠色爲主，而一樓的水車堵上橫向排列的 6×6 英吋（15.2cm×15.2cm）彩繪瓷版，原本有十片，而在筆者於 2004 年田野調查時僅存四片，該處的彩繪瓷版是以藍色爲主，圖樣對稱。而該四片因爲左右兩兩對稱，紋樣相同，故，只有兩種紋樣。以街屋的彩瓷貼覆而言，其橫向排列的方式乃屬少數。

肆-二-(二)-2　水車堵之彩瓷特寫

肆-二-(二)-2 右數第一片彩繪瓷版與大稻埕之大山行、萬華康定路 102～108 號四開間街屋所貼覆的彩繪瓷版爲完全相同，並且貼覆的方式也是爲 45 度站立式。

肆-二-(二)-3 水車堵之彩瓷特寫

　　肆-二-(二)-3 右數第二片彩繪瓷版則以植物的紋飾為主，其紋樣與康定路 102～108 號，以及深坑德興行一樓正立面之裙堵所使用之彩繪瓷版完全相同，其上的線條則以深藍色的卷草植物紋樣作為畫面的主題，而其卷草植物開放的方式為左右對稱，向畫面的兩側開展，貼覆的方式也是為 45 度站立式，唯一不同的是，此處所貼覆的彩繪瓷版，其保存狀況較差，除了僅剩二片外，色澤今已褪去許多，且四周受到青苔的影響嚴重。

肆-二-(二)-4 二樓柱體的裝飾彩瓷

　　至於其二樓的邊柱與中央二側之間的四支柱上貼覆有多片 3×6 英吋（7.6cm×15.2cm）彩繪瓷版，該彩繪瓷版均以白色為底色，並在其上繪有綠色的類似山形的線條，以及類似綠色草花的植物紋，以上下對稱的方式，重複排列，每單片之一側（上或下）有三條橫線，貼覆時，將橫線作為上下兩片的邊框，並利用其對稱特色再接續連成二方連續的紋樣。金山金包里街 26

號街屋以綠色、白色相間的彩繪瓷版，配合紅磚的柱體，形成高雅而清新的組合。

第三節　新店溪沿岸聚落

　　淡水河三大支流之一的新店溪也有二條主要支流，其一爲北勢溪；其二爲南勢溪，北勢溪源自台北縣東面之雙溪鄉及四堵山，南勢溪源自宜蘭縣界之拳頭山，東北行經哈盆、福山、烏來，先匯合桶後溪，北行至雙溪口，再匯合經坪林至此之北勢溪，經新店，至景美溪，匯集源自石碇鄉經深坑、木柵之景美溪，再繼續北行，一直上行至今天的台北縣江子翠的附近才匯入淡水河。

　　而新店溪沿岸的聚落目前有留下彩繪瓷版遺留的建築物，多分布在其上游的深坑、坪林一帶，而此地區的聚落發展多與福建省安溪地方的移民相關，福建安溪以產茶聞名，其移民在清代從福建移入台灣時便將種茶、產茶的謀生行業帶來深坑、坪林地區，故此地區今日依然以生產茶葉聞名，且此地區的早期漢人住民也多以福建安溪地區的籍貫爲多。而藉由產茶、售茶的商業貿易活動使得深坑、坪林地區在經濟上得到良好的發展背景，也因爲茶葉貿易的對外商業行爲，使得深坑、坪林一帶的經濟優渥人家得以與外界的建築裝飾時尚接觸，進而接受新式的彩繪瓷版的建築裝飾藝術，又因爲以良好的經濟基礎作爲後盾，故，彩繪瓷版在此二區域建築上均可以見到其當年風行的遺痕，故，以下爲就深坑與坪林地區，筆者所調查出擁有彩繪瓷版的建築物所做的探討與紀錄。

壹、深　坑

　　深坑位於台北盆地的東南邊緣，在日據時期曾爲整個文山區的行政中心，四周山脈環繞，全境多爲海拔 300～500 公尺的丘陵地，有景美溪（新店溪支流）流貫其中。深坑因爲位在景美溪邊，中爲低陷河谷平原的地形，地勢低窪，不難將此與地名做聯想，有如深窪之坑底，因而得名「深坑」。深坑地區的開發，與深坑地區的茶葉文化關係密切，深坑地區的黃氏家族更是深坑地區開發的重要代表，黃氏家族自清代時期即至深坑移墾，後以茶葉、稻米的生產販售而致富，故深坑 2005 年現在擁有彩瓷的建築物計有：老街上的德興居，以及永安居均爲黃氏家族的產業。尤其是深坑老街的德興居街屋上

的彩繪瓷版可以說是相當精采。

　　令人感到可惜的是，深坑地區因爲近年來週休二日觀光潮的影響所及，使得深坑老街地區及其附近的房屋，部分建築物開始有翻整修建以因應觀光的商業需求，使得原本擁有彩繪瓷版的建築物，遭到不重視其珍貴意義的人爲破壞與拆除，或者將其建築物挪作他用，進而使得彩繪瓷版受到破壞及毀損，在筆者於深坑地區做田野調查時，原本得知在深坑老街有一家理髮店，擁有大量的彩繪瓷版作爲其理髮店檯面的裝飾，只是在筆者 2004 年前往拍攝、紀錄之際，此理髮店已於 2003 年年底拆除此櫃台，並且將屋舍全面翻新挪作他途，當時的彩繪瓷版幾乎蕩然無存，唯有少數零星的幾塊殘片，由當地的文史工作者顏松濤先生所保留，並且提供筆者拍攝。

深坑老街文史工作者顏松濤先生所收藏之彩繪瓷版
本片原是老街理髮廳所拆除下之物
今日該建築之內部已更新，彩繪瓷版已不復見

　　而根據筆者在 2004 年以來北台灣地區針對擁有日治時期彩繪瓷版建築物的田野調查，深坑地區的彩繪瓷版建築物，可說是北台灣淡水河流域彩繪瓷版建築物最精采的代表之一，但是深坑地區的彩繪瓷版建築物卻沒有受到妥善的維護與整理，並且日漸凋零，這實在是有識之士所應該感到深深憂慮及痛心者，且亟待求助於政府相關單位，以尋求適當的援助資源，且保留北台灣在日治時期所留下的珍貴建築物裝飾藝術。以下爲筆者在深坑地區發現現存的彩繪瓷版建築物，所做的紀錄與分析：

一、永安居

肆-三-(一)-2　永安居正間全景

(一)「永安居」歷史及地理背景

　　深坑黃氏開基始祖是黃世賢。他在乾隆年間率四子自安溪渡海來臺，卜居於深坑後，在深坑地區安居樂業，黃家子孫在日治時期即曾擔任公職，擔任保正的工作，光復後更曾歷任深坑鄉的鄉長及省議員等職務。黃家子孫及後代先後在深坑共建了七座古厝，成爲深坑最重要、最具特色的建築群。其中最重要的當屬開台祖三世黃蓮山的二子黃守禮的公厝，又稱守禮公厝或是二房厝，即是深坑的「永安居」。

　　「永安居」位於深坑鄉萬順寮1號，創建於大正元年（1912），是北台灣目前發現最早的彩繪瓷版的建築，「永安居」爲一單院落左二右二護龍規模之民居建築，採單進五開間形式，格局甚爲對稱完整，由於「永安居」是守禮公派下四兄弟共同合建的房厝，所以興建時，即採可以使兄弟按照長幼順序公平使用的原則規劃，除了正廳做爲祭祀黃氏宗親及接待賓客的公廳之外，正廳兩側的次間、稍間則以各房輩份的尊卑關係分別由四大房的家人居住，呈現出以公廳爲中軸而對稱的空間佈局，此爲「永安居」的空間組織的一大特色。又因爲深坑處於台北盆地邊陲地帶，自清代以來即治安不好，多盜賊，爲求安全，永安居因此有完善的防禦設施，包括竹林、圍牆、銃樓、銃眼等。且在其內外兩條護龍及內外兩層圍牆間構築成緊密的防禦盜賊之空間，這也可以看出昔日富裕人家建築物的典型。

（二）彩繪瓷版的裝飾特色

在永安居正間凹壽兩側上方的額堵之上，除了有華麗的花卉及人物剪黏之外，左右各有四片 6×6 英吋（15.2cm×15.2cm）彩繪瓷版，其中左右的紋飾對稱，較靠近匾額的兩側相同，而靠近凹壽兩側邊牆的兩側又相同，且以綠色的幾何紋飾為主。令人注意的是，在黃家的「永安居」正間公媽廳中的左右兩側牆面之上，貼覆有滿牆相同的彩瓷，其亦以幾何紋飾為主，以做為公廳的裙堵裝飾，「永安居」正間將彩繪瓷版貼覆在裙堵並且貼滿的作法，在北台灣淡水河流域是唯一僅有的。

肆-三-(一)-3　深坑永安居正間凹壽面的額堵上之彩繪瓷版（大正元年）

肆-三-(一)-4　永安居正間凹壽面的額堵上之彩繪瓷版

本片 6×6 英吋（15.2cm×15.2cm）彩繪瓷版是以抽象化的植物紋飾及幾何形狀作為畫面的主體，顏色上以白色為底，以綠色、黃色、天藍色作為陪

襯。本片彩繪瓷版與迪化街大山行所貼覆的彩繪瓷版完全相同,但是由於本片所貼覆的位置位於凹壽的廊檐之下,故保存較大山行爲完整,且因爲永安居已列入台北縣第三級古蹟,本相同紋樣的兩片彩繪瓷版受到較好的維護。

肆-三-(一)-5　永安居正間凹壽面的額堵上之彩繪瓷版

本片彩繪瓷版的主題也是以植物爲本體並且以幾何形狀做爲畫面的搭配,顏色上共有白色、綠色、藍色、金黃色四種,在畫面上以純白色爲地,中央的主題是以藍色的植物紋飾爲主角,植物的披垂呈現順時鐘方向的線條弧度,在其外圍鑲以金黃色八角形星星形狀作爲其滾邊,又在此星狀之外,包覆以綠色藤蔓的植物形狀,接著再向畫面的四個直角平行延伸而去,在接近直角處,兩條藤蔓形狀的植物開始交叉,給予畫面更多的豐富性。

肆-三-(一)-6　深坑永安居正廳壁面之彩繪瓷版

呈現出四方連續之型態

肆-三-(一)-7　深坑永安居正廳壁面之彩繪瓷版特寫

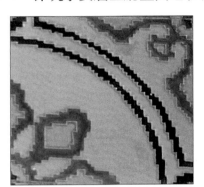

　　正廳裙堵的彩繪瓷版若以單片彩繪瓷版而論，其實是沒有紋樣可言的，顏色上總共使用六種，分別是：右上角及左下角的紅色，淺綠色及深綠，黑色、天藍色，以及作為底色的米黃色。本區的彩繪瓷版是純粹以幾何紋飾為主，並且具有四方連續的特性，也就是以其角部的紋樣可以與另外鄰近的三片共同再構成一個新的紋樣，並且新的紋樣與原來的紋樣相較，要更加炫目。有趣的是，右上角部分若與其他相同內容的彩繪瓷版結合，則可以形成一個以十字形為主體的幾何花紋，而左下角的部分，其他相同紋樣的彩繪瓷版結合，則又可以形成另一個圖型，其將以天藍色滾黑邊的圓形為框，其中以幾何紋樣為主的八瓣花卉，花卉的中央亦以紅點為視覺的焦點，每一個抽象的幾何花瓣，均以淺綠色為主體，滾深綠色為鑲邊。設計的思考複雜，但構成的圖案卻很簡單，就整體而言，依然是以綠色及其相關色為主要的視覺印象。

二、德興行

（一）德興行街屋之歷史及地理相關背景

　　德興行位於深坑鄉深坑街 46、48、50 號，在深坑老街中後段。為一幢三層樓三開間的洋式建築，亦為深坑地區唯一僅保留下來之日治時期三層洋樓建築，全名為「隆記德興商號」，最早由黃氏宗祖黃澤創建於清光緒年間，後來其子孫黃德隆早年因經營茶葉生意及開鑿金礦致富而後才翻修、改建，改建其時為昭和三年（1928），也正因為富有，所以當時的用材及作工十分講究，由今日依然精緻優美的山牆及其兩側柱體上琳琅滿目的華麗裝飾可以看出一斑。

肆-三-(一)-8　德興行彩繪瓷版及其建築物外觀

肆-三-(一)-9　德興行

昭和三年翻修，左為其山牆處及商號

其商號四周為不規則形狀之彩繪瓷版，數量龐大且樣貌多元

德興行前身原是「德興居」，為一幢三進式之大宅院，然今日其三進早已經坍塌，在昭和三年（1928）改建時，於第一進的街屋之屋後兩側的廚房間刻意留下一塊空地，使人在步出第一進至山門之間，仍有一進與一進之間的天井之感，又在原來宅院的第二進位置處築起一道一樓半高之山門，山門上並用泥塑做出聯對詩句，且貼覆以 3×6 英吋（7.6cm×15.2cm）彩繪瓷版做為其山門上黃氏堂號「紫雲」的周邊裝飾，又以 6×6 英吋（15.2cm×15.2cm）彩繪瓷版裝飾正立面街屋之女兒牆，及其正立面之水車堵、裙堵、額堵，以及街屋的二樓背面。

德興行三開間所使用的彩瓷樣貌多元，且數目龐大，根據筆者田野調查紀錄，深坑德興行原本應當為北台灣淡水河流域最精雅的彩繪瓷版建築物，但是因近年來其後人將其租賃給小吃生意商家，使得德興行的彩繪瓷版及其建築物本體遭受到小吃店的煙燻，及不當使用之損害嚴重，德興行彩繪瓷版的未來維護與保存，實在令人擔憂。

（二）德興行彩繪瓷版的裝飾特色

德興行所使用的彩繪瓷版可以說是北台灣地區數量最大者。若是以整體而言，其紋樣多以象徵吉祥的花卉為主，幾何紋飾為輔，色彩中以綠色為最多，以紅色與藍色次之。就彩繪瓷版的尺寸種類而言，除了 3×3 英吋（7.6cm×7.6cm）的小型轉角彩繪瓷版以外，深坑德興行街屋立面與屋後天井四壁所貼覆的彩繪瓷版，幾乎涵括了北台灣淡水河流域所有尺寸的彩繪瓷版，其中包括了：3×6 英吋（7.6cm×15.2cm）彩繪瓷版，6×6 英吋（15.2cm×15.2cm）彩繪瓷版。

以彩繪瓷版的紋樣內容說來，德興行的彩繪瓷版多以花卉為主，幾何的紋樣為次，顏色上以綠色為最多，其次為黃色、紅色、白色，使用最少的為天藍色。

由於德興行的彩繪瓷版使用豐富，數量亦多，規則形與不規則形相加共有二十種，與內湖林秀俊墓園所使用的彩繪瓷版紋樣多有重複，此外，若將其二者創建的時間相對照，竟然都是在昭和三年（1928），這樣的巧合，我們可以大膽推論，此二處當年所採購的彩繪瓷版，極有可能是由日本航運公司運送來到台灣的相同一批彩繪瓷版，或是同樣經由廈門地區，輾轉貿易，進而來到台灣的彩繪瓷版。

以下將按照德興行街屋建築由外而內，由上而下來做說明與彩繪瓷版的

分析，亦即由其三開間街屋的正立面而至屋廊而至天井，由二樓而至一樓來做敘述與探討，爲慮及三開間街屋正立面有其主次關係，故說明時將以正間優先，而後左開間、右開間。

1. 正立面正間二樓山牆之彩繪瓷版（深坑街 48 號）

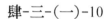

肆-三-(一)-10

正立面山牆上的彩繪瓷版多貼覆在其商號的邊框之上
有 3×6 英吋（7.6cm×15.2cm）之彩繪瓷版

肆-三-(一)-11

由二樓山牆上商號四周的近照放大圖
可以看出有紅黃花卉、蝴蝶、葫蘆、楓葉、展翅飛鳥的形狀之陶片

二樓正立面山牆上商號的周圍，貼覆有 3×6 英吋（7.6cm×15.2cm）彩繪瓷版，及許多不規則形狀的彩繪陶片，其中在外圍的是今日看起來已經褪色而其原本應是白底綠色線條的波浪型線條彩繪瓷版，其以一環扣住一環的方式排列，產生二方連續的效果。

2. 二樓左開間女兒牆上之彩繪瓷版（深坑街 46 號）

肆-三-(一)-12

此處使用單一紋樣的 6×6 英吋（15.2cm×15.2cm）的彩繪瓷版
上下共排成二排，每排各二十五片

　　本片彩繪瓷版是以植物與幾何紋樣結合以構成整體的畫面，以色彩而言，可以分成三個顏色，分別是藍色、黃色，以及白色。以天藍色為底色，畫面的中央是一個黃色八角形的星形光芒圖樣，在此星形光芒圖樣的中央，是立體的抽象化的花紋，而在此星形光芒圖樣的四周，又有四片白色接近葫蘆形狀的圖案，若是仔細觀察，在四個直角處還有立體的，以中軸對稱方式繪製的植物型態的紋飾，且具有四方連續的特色，觀察其四個角落的白色葫蘆形塊狀紋飾，其又會形成一個白色的四瓣花形。

3. 二樓右開間女兒牆上之彩繪瓷版（深坑街 50 號）

肆-三-(一)-13

此處也是使用單一紋樣的 6×6 英吋（15.2cm×15.2cm）的彩繪瓷版
上下共排成二排，每排各二十五片

　　本區的彩繪瓷版是以抽象化的花卉及線條所構成，顏色僅有簡單的黃色、綠色及白色。其中畫面的中央是其主角，爲黃色接近方形的花紋，花紋的中心有一白色的花蕊，花紋的外圍是白色的地，在其四個直角的位置，又以綠色勾勒出斜角的線條，若是以四片同時排列，則會產生四方連續的效果，因爲綠色勾勒出斜角的線條又會形成另一個方形，且在此綠色的方形中又會形成另一朵方形的花紋，如此連續不斷的重複，而產生出綠色與黃色掩映的交錯美感。本片彩繪瓷版與「永安居」的凹壽額堵上的彩繪瓷版相近，但是並不相同，其最主要的差別即在於四個直角處的紋樣與配色。

4. 一樓正間水車堵之彩繪瓷版（深坑街 48 號）

肆-三-(一)-14

此處共使用兩種 6×6 英吋（15.2cm×15.2cm）的彩繪瓷版
上下共排成三排，在第二排處以間隔的方式
插入墨綠色類似大理石質感及紋樣的彩繪瓷版

　　正間一樓水車堵之彩繪瓷版左右共二十五行，上下共三列，在第二列的位置，以間隔的方式安插入不同的 6×6 英吋（15.2cm×15.2cm）的彩繪瓷版，使得此處共有兩種彩繪瓷版。數量較多的一種，爲類似紅色的菊科植物，此種紋樣的彩繪瓷版與林秀俊墓園中所出現者相同，唯一不同之處，在於其花卉下方的綠葉之顏色較四角爲深，爲偏石綠的綠色，且其葉子的周圍處所上

的綠釉有暈染的效果，而林秀俊墓園中所使用者，其綠葉之綠色與四角之顏色是使用相同的綠釉，畫面上單純而簡潔，且並無其他點染的效果，此為二者不同之處。而其彩繪瓷版上花朵之紋樣在前文的林秀俊墓園中已經說明過，在此不再贅述。另外，模仿大理石紋理的彩繪瓷版則是相當少見，在筆者著手彩繪瓷版的田野調查開始，包括北臺灣與澎湖、金門，至今不曾在其他地區見到此種紋樣的彩繪瓷版。

5. 一樓左開間水車堵上之彩繪瓷版（深坑街46號）

肆-三-(一)-15

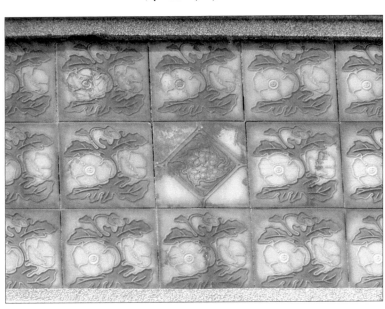

此處共使用兩種6×6英吋（15.2cm×15.2cm）的彩繪瓷版
上下共排成三排，在第二排的中央位置
插入唯一一片中心有許多小花堆疊的彩繪瓷版

　　此處的彩繪瓷版同樣也是左右共二十五排，上下共三列，在第二排正中央的位置，安插入一片不同的6×6英吋（15.2cm×15.2cm）的彩繪瓷版，使得此處共有兩種彩繪瓷版。數量較多的一種，為類似黃色報春花的植物，其底色為綠色，花卉為黃色，由於此種紋樣的彩繪瓷版在前文已出現過，在此不再重複，只是其花卉的黃色與前文林秀俊墓園中的彩繪瓷版的紅色報春花不同。另外，在此處的中央是一片以綠色、紅色、白色為設計的彩繪瓷版，其畫面的中央是由許多紅色的小花交疊而成的不規則紋樣，看似呈現逆時針

方向旋轉的姿態，在此不規則形狀的外部，是一個綠色的正方形，其正方形的四個直角處有延伸的圖樣，亦即此圖案亦可四方連續排列之。在綠色方形的外圍則是白色的地，使得畫面聚焦在畫面中心的花卉上。此外，若是遠看，中央的紅色部分會令人直接聯想起石榴的子，給予人多子多孫，人丁興旺的聯想。

6. 一樓右開間水車堵上之彩繪瓷版（深坑街 50 號）

肆-三-(一)-16

此處也使用兩種 6×6 英吋（15.2cm×15.2cm）的彩繪瓷版
上下共排成三排，同樣也是在第二排的中央位置
插入唯一一片中心有許多小花堆疊的彩繪瓷版

　　此處的彩繪瓷版依然還是由左至右共二十五排，由上至下共三列，在其第二排正中央的位置，也安插入一片相同於左開間水車堵單一片紋樣的 6×6 英吋（15.2cm×15.2cm）彩繪瓷版，使得此處也共有兩種彩繪瓷版，由此，也可以看出正立面一樓的左右二開間水車堵的彩繪瓷版，在貼覆上也是經過匠師構思設計，而特意經營出左右兩片互相呼應的巧思，使得以正立面整體而言，在三開間斑斕奪目的彩繪瓷版之間，更具有協調之感。此處數量較多的一種，則是如前文所述，與林秀俊墓園中的使用者完全相同，也是以黃色的團花爲中心，四角綴以一芯二葉的綠色枝葉，容此不再重複。

7. 一樓正間額堵之彩繪瓷版（深坑街48號）

肆-三-(一)-17　一樓正間額堵之彩繪瓷版

肆-三-(一)-18　　　　　　　　肆-三-(一)-19

一樓正間額堵及商號之近照

　　一樓正間左右兩側額堵之彩繪瓷版是完全相同的，其左右各貼覆有八片，該彩繪瓷版是以白色為底，而其中央為粉紅色菊科植物，且在其四直角處綴以四朵蓓蕾，此紋樣的彩繪瓷版與淡水石頭厝的彩繪瓷版之紋樣是相同的。以一樓正間的整體而言，均以紅色花卉為主，且其配襯者均為綠色的葉片。

8. 一樓左開間額堵上之彩繪瓷版（深坑街 46 號）

肆-三-(一)-20　一樓左開間額堵之左右各六片彩繪瓷版

肆-三-(一)-21　左側額堵之彩瓷　　肆-三-(一)-22　右側額堵之彩瓷

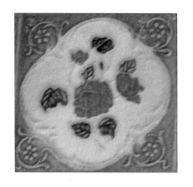 

　　一樓左開間額堵上之彩繪瓷版在商號的兩側各有六片，而六片均為相同紋樣的彩繪瓷版，左側為月季紋樣的彩瓷，且該紋樣與林秀俊墓園中所使用者相同，在內湖林秀俊墓園已介紹過，而右側的彩繪瓷版其紋樣與上文的右開間二樓女兒牆的紋樣為相同者。

9. 一樓右開間額堵上之彩繪瓷版（深坑街 50 號）

肆-三-(一)-23　一樓右開間額堵之左右各六片彩繪瓷版

肆-三-(一)-24　左側額堵之彩瓷　　肆-三-(一)-25　右側額堵之彩瓷

圖肆-三-(一)-24 中，一樓左側額堵之彩繪瓷版與左開間即深坑街 46 號二樓女兒牆上之彩繪瓷版是完全相同者，在此總共貼覆了六片，只是因為所貼覆的位置的關係，此彩繪瓷版明顯的要較貼覆在女兒牆的彩繪瓷版保存為良好，其中央的花卉紋樣可以清晰的看出。而右側的六片彩繪瓷版，也是與前文的林秀俊墓園中的彩繪瓷版完全相同，米黃色為地，上繪有紅色的花卉綠色的藤蔓，花卉的背景再綴以天藍色的襯色，正好可以與左側的天藍色主題的瓷版相應和。

10. 一樓正間左右裙堵之彩繪瓷版（深坑街 48 號）

肆-三-(一)-26　正間裙堵之彩繪瓷版

左右相同，各成三排，每排各六片

肆-三-(一)-27　正間裙堵之彩繪瓷版特寫

　　本片彩繪瓷版是完全平面的彩繪瓷版，其主題是以點狀及抽象花卉所構成的幾何形狀，其顏色上以綠色爲畫面的主要視覺印象，然而其中的色彩除了綠色之外有：藍色、橘色、黃色，及少許的黑色。居中央者爲八朵綠色五瓣小花所匯聚而成的花紋，其中心則亦爲八裂的抽象花卉，花卉的正中心則爲黃色的圓心，在八朵綠色花卉之外圍，是橘色的點狀物所構成的八角形星星光芒的紋樣，由此橘色星芒紋樣再往外，則又是一個綠色及藍色的八角形星芒的紋樣，在藍色八角形星芒紋樣之外，有八株對稱葉片的植物形紋樣，在星芒紋樣之外對稱排列，此外，在本片彩繪瓷版四邊的中央，均有相同於本彩瓷正中心的藍色八裂的抽象花卉，可以看出本片彩繪瓷版是採四方連續的設計。

11. 一樓左開間裙堵上之彩繪瓷版（深坑街46號）

肆-三-(一)-28　一樓左開間裙堵上之彩繪瓷版

左右相同，各成三排，每排各六片

本彩繪瓷版與萬華康定路 102～108 號街屋，及金山金包里街 26 號的水車堵僅存的彩繪瓷版完全相同，由於所貼覆的位置在於可遮蔽風雨的門廊裙堵之上，所以保存較金包里街 26 號爲完好，可是，在筆者田野調查之際，此彩繪瓷版正受到在門口販售食物的商家所擺設蒸籠器具不時碰撞的威脅，加上日積月累的高溫蒸氣侵襲，此處珍貴彩繪瓷版的保存與維護，正受到嚴厲的考驗。

12. 一樓右開間裙堵上之彩繪瓷版（深坑街 50 號）

肆-三-(一)-29　一樓右開間裙堵上之彩繪瓷版

左右相同，各成三排，每排各六片

肆-三-(一)-30　一樓右開間裙堵上之彩繪瓷版特寫

本片彩繪瓷版的主題是以花卉植物爲主，顏色共有三種，以白色爲地，花朵爲紅色，葉片爲綠色，而其莖部則爲紫色。主題的花卉以中國江南園林

中，最常見的草本花卉長春花〔註17〕爲主角，此長春花又名五瓣梅，爲夾竹桃科長春花屬植物。長春花的名稱有吉祥之意，且株形整齊，葉片蒼翠具光澤，花瓣五枚向上鋪展開放，花形酷似梅花，卻是草本的植物，此處使用名稱吉利且花形美麗的長春花，自然寄有招納福瑞的心意。

13. 街屋背面所使用之彩繪瓷版

在德興行的街屋背面，也貼覆了五幅彩繪瓷版，若是由街屋的門號 46、48、50 號而論，則第二、四幅爲相同紋樣的彩繪瓷版，第一、五幅又爲相同的彩繪瓷版，中央的一幅不與其他相同，所以按照紋樣來分，則共有三種彩繪瓷版，若是以數目上來說，則每一幅上下共三排，每一排共六片，所以每一幅共有十八片彩繪瓷版，且每一幅均爲單一的紋樣。若以顏色而言，以綠色爲最主要，其次爲紅色，又其次爲白色。以內容來說，則全部均爲花卉類植物。

肆-三-(一)-31　街屋背面所使用之彩繪瓷版

總共五幅，每幅各十八片，紋樣共有三種
第三幅居中，其餘四幅則一、五幅相同，二、四幅相同

第一、五幅彩繪瓷版爲紅色菊科花卉，並且與正立面正間之水車堵所使用的彩繪瓷版相同，如圖肆-三-(一)-32。而本紋樣在林秀俊墓園中亦已經介紹過。至於第二、四幅彩繪瓷版，則以綠色爲地，其上繪有三朵花冠呈高杯狀的紅色花卉之彩繪瓷版，該類似鬱金香的花卉以對稱方式繪製（如下圖肆-

---

〔註17〕此處的長春花與之前所述的月季花又名爲「長春花」不同，月季爲木本，屬於薔薇科植物，經常被人誤認爲玫瑰；長春花爲草本，二者並不相同。

三-（一）-32），居中的一朵朝上，左右二朵分別朝畫面外對稱開放，其葉片亦成對稱排列，三朵紅色的花朵在畫面中被綠色的底色與葉片所烘襯，顯得格外的耀眼。居中的一幅與一樓左開間額堵上之彩繪瓷版相同。

肆-三-（一）-32　第二、四幅彩繪瓷版之特寫

肆-三-（一）-33　第一、五幅彩繪瓷版

肆-三-（一）-34　第二、四幅彩繪瓷版

肆-三-(一)-35　第三幅彩繪瓷版

14.山門所使用之彩繪瓷版

肆-三-(一)-36

山門所使用之彩繪瓷版共可分成兩種
其一為貼覆在黃氏堂號四周的 3×6 英吋（7.6cm×15.2cm）彩繪瓷版
其二為左右紋樣相同，位於堂號兩側的 6×6 英吋（15.2cm×15.2cm）之彩繪瓷版

　　貼覆在山門上的彩繪瓷版共有兩種尺寸，以及兩種紋樣的內容，其一為
貼覆在黃氏衍派堂號「紫雲」周圍的 3×6 英吋（7.6cm×15.2cm）彩繪瓷版，

其二為貼覆在堂號兩側，紋樣左右對稱相同的 6×6 英吋（15.2cm×15.2cm）
之彩繪瓷版。貼覆在堂號二側的彩繪瓷版與一樓正間左右兩側額堵之彩繪瓷
版是完全相同的，如圖肆-三-（一）-38。而堂號「紫雲」周圍的彩繪瓷版，是
以抽象化的菊花為主體，襯以綠色的葉片，並在本片彩繪瓷版的兩側各繪有
半朵的黃色菊花，以形成二方連續的效果，彩繪瓷版的上下則各以綠色的框
線為界，增加了本片彩繪瓷版的邊框作用，顏色上只以綠色、黃色為主，再
輔以白色為襯。

肆-三-（一）-37　山門上「紫雲」堂號周圍的彩繪瓷版近照

肆-三-（一）-38　山門上「紫雲」堂號兩側的彩繪瓷版近照

貳、坪林（坪林鄉 85 號）

坪林因位於新店溪支流北勢溪之上游地區，由於河川的掘鑿使得曲流頗盛，河川兩岸多河階面地形，兩岸旁過去多為樹林茂盛之地，且位於地形之尾端，故舊稱為「坪林尾莊」。故，坪林鄉之名即來自於今日坪林村之舊名「坪林尾莊」。「坪林尾莊」在大正九年時改稱為坪林庄，光復後沿襲此名繼續稱之為坪林鄉。坪林亦以產茶聞名，坪林地區過去與深坑均為北台灣地區重要的茶葉生產地，居民亦多從事茶葉的相關產業。而坪林老街完整的保存了坪林在墾殖初期的建築風貌。由於當時坪林的交通不便，而且建材缺乏，所以坪林老街上的建物多是取材於北勢溪的石材，將石板堆砌成屋。在坪林老街中，唯一有使用彩繪瓷版的建築物是老街 85 號的街屋，在該建築物的水車堵上，貼覆有十二片彩繪瓷版。

一、建築物概況

肆-三-(二)-1

坪林鄉 85 號街屋所使用的 6×6 英吋（15.2cm×15.2cm）
之彩繪瓷版共有十二片，紋樣共有兩種

坪林鄉 85 號為一幢二層樓三開間的街屋洋房建築，但每一開間面寬較一般為窄，在坪林老街的街屋多為如此，本幢彩繪瓷版建築位於坪林的老街上，雖然不是老街中屋齡較老的建築，但是卻因為在三段的水車堵上貼覆了日製

的彩繪瓷版而有著獨特的風格。此一街屋建築可以看出以石材做為屋體的結構，在正立面三段的水車堵上，以彩瓷裝飾居正中，以鏤空的綠色陶瓷花磚居於兩側，兩側各有三面。

二、彩繪瓷版的裝飾特色

坪林鄉 85 號街屋所貼覆的 6×6 英吋（15.2cm×15.2cm）彩繪瓷版共有十二片，上下共兩排，每排各六片，其中由左至右，第一、二、五、六片是相同的紋樣，第三、四片又為相同的紋樣。以顏色而言則以綠色、藍色為最多，橘色其次，紅色又其次，以黃色最少。左右兩側的彩繪瓷版之顏色以藍色為主體，中央四片的花卉紋樣之彩繪瓷版則以綠色為主，而以紅色為底色，藍色為邊框，黃色為花卉的顏色。若是以內容而論，則均以植物紋樣為主要的表現主體。居左右的四片彩繪瓷版是圓形的植物幾何圖形，其紋樣與金山金包里 26 號，以及深坑德興行的彩繪瓷版相同，而其居中的四片則是為向四角落伸出的花卉。

肆-三-(二)-2　坪林鄉 85 號水車堵之彩瓷特寫

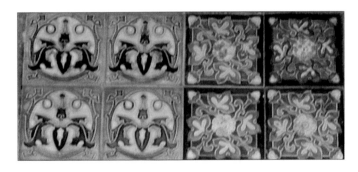

肆-三-(二)-3　水車堵之向四角落伸出的花卉彩瓷特寫

　　本片彩繪瓷版是以一朵黃色八瓣的花卉爲中心，藉由向四個直角伸出的蓓蕾以爲畫面的主題，在其延伸的蓓蕾之間，又點綴以青嫩的綠葉，其中綠葉又以淺綠色爲主，再以深綠色勾邊，於是在畫面的中央除了一朵黃色的主角花卉之外，尚有四片綠葉配襯，畫面中又以紅色爲底色，藍色爲四邊，以紅色、藍色來增加畫面的華麗感，又以四朵含苞待放黃色的花卉，增添畫面興盛的生命力。

第四節　大漢溪沿岸聚落

　　大漢溪源自桃園縣境之大溪，經中游之鶯歌、三峽，接納源自大漢溪之向天坡及東方中坑之小河，又於三峽下游，納入源自三峽東北之短流橫溪；再於樹林、土城匯集谷邊諸細流，後再繞經過板橋、新莊至台北市萬華，於萬華處匯合新店溪，一同匯入淡水河。

壹、新莊（新莊路359巷4號民居）

　　隨著漢移民的日漸增多，當人們由淡水河口進入溯水而上，首當其衝的新莊開始有了漢人的聚落。新莊地區位於台北盆地以西，在淡水河的左岸，新莊上接既深且廣的大料崁溪（即大漢溪中段），往來與大陸貿易的商船均能通行無阻，在乾隆年間，新莊曾經盛極一時，直到「嘉慶中葉之後，因大漢溪沖毀碼頭河岸失去航運之利，艋舺、大稻埕才相繼起而代之，所以說，新莊可以算是北台灣開發最早的地區。」〔註18〕

　　由於清時新莊是北台灣的商業經濟中心，商賈雲集，人文薈萃，因爲地區富裕的因素，加上當時各地節慶頻繁，廟會活動旺盛，所以戲曲行業成長快速，門號甚多，在筆者與當地耆老的田野訪談中得知，新莊地區當時的戲曲表演團體甚多，如布袋戲的「錦上花樓」、「錦花樓」、「小西園」、「小世界」和「小花園」，以及北管的「俊賢堂」、「新樂園」，南管的「聚賢堂」等等。此外，在新莊路的359巷曾住了很多教唱戲曲，當時被稱爲「曲仙」的師傅，使得學戲曲的人們都聚集居住於此巷，是故，今日新莊路359巷便在當時被雅稱爲「戲館巷」。

〔註18〕黃沼元，《台灣的老街》，台北縣：遠足文化事業出版有限公司，2002年，頁72。

一、建築物概況

　　新莊路 359 巷 4 號民居是一幢一進二護龍的院落，院落不大，左右護龍亦短，護龍以圍牆相連，正門入口處設有一座門樓，在其門樓之上，貼覆有保存極佳的五片 6×6 英吋（15.2cm×15.2cm）之彩繪瓷版，以及二片圓型彩繪瓷版。據現年已七十四歲的屋主人記憶〔註 19〕，此建築物的主要建材多由大陸福建的廈門經淡水河航運而輸運至新莊此地，但是對於這七片彩瓷的來歷卻無法知悉。

肆-四-(一)-1

新莊路 359 巷 4 號民居門樓上的彩繪瓷版

二、彩繪瓷版之裝飾風格

　　本建築的五片 6×6 英吋（15.2cm×15.2cm）彩瓷分立在門樓之上的三段門頭堵中央及左右兩側，中央部份貼覆三片，以菱形 45 度站立方式並列，紋飾均以紅色蓮花為主體，紋樣三片相同，唯有居中之彩繪瓷版的外圍為寶藍色，左右則兩相對稱，均以綠色為邊框，中置紅色蓮花。置於門頭堵兩

〔註 19〕　筆者於 2004 年三月田野調查時，屋主明確告知本建築存在的歷史已超過百年，創建於清代末年，然而其住屋於大正年間翻修整建，但詳細年代他並不清楚，自上一次修建至今並未翻修重建，全然如同舊日。

側的彩繪瓷版則均以幾何紋飾爲主，左右兩片相同，顏色則出現少見的紫色，這是在所有淡水河流域沿岸聚落所發現的彩瓷建築中較爲罕見，且保存、維護極佳的彩繪瓷版。並在門頭堵的兩側，還貼覆有兩片圓形的非規則性陶片。

肆-四-（一）-2

新莊路 359 巷 4 號民居門樓之七片彩繪瓷版

肆-四-（一）-3

新莊路 359 巷 4 號民居門樓之門頭堵中央三片彩繪瓷版近照

本三片彩繪瓷版其中央均爲一朵紅色的蓮花，顏色上各有二種顏色，除了蓮花爲不變的紅色之外，隨著周圍的邊框顏色之不同，其蓮花的葉子亦有所改變。若邊框爲綠色者，其蓮花之葉子則爲綠色；反之，若邊框爲藍色者，其蓮花之葉子則爲藍色。

　　此三片彩繪瓷版之居中央者，其紅色的蓮花之下，以藍色為葉子的顏色，以白色為地，四周角落處凹入一似波浪形狀，又似短戟的紋樣，在本片彩繪瓷版的四邊中間，又繪有一個一半的紅色八邊形星芒紋樣，若是將本紋樣的彩繪瓷版並排，則可以發現本紋樣也是具有四方連續的特徵。

　　至於中央三片二側的彩繪瓷版，同樣也是以紅色的蓮花為主體，隨著周圍的邊框顏色為綠色，其蓮花的葉子亦為綠色。但是其卻並不以白色為地，而以淡綠色為地，此為其較特殊之處。也使得整體畫面更具有柔和之美。

肆-四-（一）-4

新莊路 359 巷 4 號民居門樓之門頭堵兩側二片彩繪瓷版近照

　　另外，位於本建築物門頭堵二側的兩片彩繪瓷版，則是以抽象化的花卉與幾何結合的紋樣，色彩多元卻沉穩持重，共計有顏色五種，分別為：紅色、藍色、紫色、墨綠色，以及咖啡色。在畫面的中央為一朵紅色繖狀花序的花卉，花朵外是一寶藍色類似八瓣如意形狀的紋樣，在此八瓣紋樣之外，則是一紫色的立體八角型，此八角型之外，又為一個以綠色為地的八邊形，此兩種八邊形重疊而立，卻又互不干擾。此外，在此片彩繪瓷版的四邊中間，則有四段等長的紫色狹長方形，而本彩瓷的四個角落，又繪有四個鑽石形狀的咖啡色立體紋樣，在此紋樣之上，則再度繪製了花卉。使得本片彩繪瓷版樣貌多元且色彩豐富，若將多片排列，亦可以發現其為四方連續的彩繪瓷版，在四角落的咖啡色鑽石形狀，若將四片並列，則將匯成一個新的八邊形的紋樣，如下圖。

肆-四-(一)-5

門頭堵左右兩側二片彩繪瓷版多片並列假設圖

肆-四-(一)-6

門頭堵左右兩側二片圓形陶片

　　門頭堵的兩側，除了上文的彩繪瓷版之外，還有兩片非規則形狀的圓形陶片，其顏色以紫色爲主體，紋樣爲立體，由四周向中央漸漸高起，由外而內均有圓圈形狀，層層圈起，並在右側繪製二個立體的桑葚形狀的果實。桑樹在古代是經濟生產的指標作物，《詩經》中提及，或是歌詠「桑」的篇章不知凡幾，如《詩經》中的〈小雅・小弁〉中，提及「維桑與梓，必恭敬止。」〔註20〕還有〈魯頌・泮水〉中亦有「食我桑葚，懷我好音。」〔註21〕等等的詩句。所以此處所使用的二枚桑葚自然是有其寄望生活富貴的寓意。

〔註20〕《十三經注疏2・詩經》，台北市：藝文印書館，2001年12月，頁420。
〔註21〕《十三經注疏2・詩經》，台北市：藝文印書館，2001年12月，頁767。

貳、三峽（和平路武功商店，今已拆除）

　　三峽舊稱三角湧，形成街市後即以三角湧街稱之，即今日的民權路。而「湧」即爲閩南語「水起浪」的意思。因爲三峽位於大漢溪與橫溪、三峽溪匯合的地方，是一塊三角形平原，正由於上述三條河流在此匯集，溪流湯湯激盪，所以稱爲「三角湧」。民國九年時，改爲三峽而沿用至今。自清代以來，民權路、和平路一帶就是三峽最重要商業街道，許多物資、貨品都在街上交易買賣；在日治時期的大正年間，市街經過改正，道路被拓寬，屋簷、騎樓、排水設施也做了一番整頓，而成爲一條整齊光鮮的現代化街道；當時街上盡是染布、製材、茶莊等商家，新洋樓也競相興起，各家紛紛在正立面興起了巴洛克的裝飾之風。於是，以筆者 2003 年所做的田野調查紀錄而言，在三峽的和平路老街上，發現有著彩繪瓷版建築的遺留，然而，當筆者於 2005 年去和平路打算再度拍攝該建築時，和平路一帶今日已經完全拆除，已再無該幢建築物，實爲可惜。

　　以下將就筆者於 2003 年所做的田野訪查，爲三峽昔日的和平路彩繪瓷版建築物所做的紀錄與探討。

肆-四-(二)-1　武功商店山牆全景

2003 年筆者拍攝

一、建築物概況

　　三峽老街一般指的是民權街的南段，長約二百公尺，其建築從大正一年（1911）留存至今。和平路上武功商店，原爲一幢一層樓單開間的洋樓街屋建築，正立面以洗石子與泥塑作爲裝飾設計，這幾乎是大正時期街道改正運動的典型建築模式，武功商店街屋其上有巴洛克式的泥塑山牆，山牆中央有繁複的泥塑花卉，其下方有泥塑的「武功商店」四字，山牆左右兩側的短柱上各貼覆了三片的 6×6 英吋（15.2cm×15.2cm）之彩繪瓷版，山牆兩旁的女兒牆兩側的邊柱上亦各自有二片彩繪瓷版，只是照顧維護不當，其右側邊柱已因爲隔壁店家招牌的裝設而受損，僅存左側邊柱維持完好。此外，在筆者進行田野調查之際，已聽聞武功商店即將拆除重建的消息，不知道眼前所見的彩瓷建築可以維持到何時何日？殊料當筆者於 2005 年再度往赴調查時，本棟建築物已遭拆除。

二、彩繪瓷版之裝飾特色

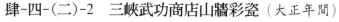

肆-四-(二)-2　三峽武功商店山牆彩瓷（大正年間）

　　三峽和平路武功商店的彩繪瓷版在顏色上，清一色均以深淺綠色爲主題，僅有兩片爲花卉紋樣，其餘均爲幾何圖案。在山牆兩側的邊柱上，唯有中間的兩片彩繪瓷版是以 45 度菱形站立方式貼覆，而女兒牆兩側邊柱的彩繪瓷版則均以 45 度菱形站立方式貼覆。武功商店的彩繪瓷版均以對稱方式規劃，左右紋樣完全相同，其所貼覆的彩繪瓷版共有十片，女兒牆兩側邊柱下方的彩繪瓷版，與山牆兩側邊柱下方者相同，故紋樣共有四種。

肆-四-(二)-3 武功商店山牆彩瓷特寫

本片彩繪瓷版是本建築物唯一以植物為主題的彩繪瓷版，其以綠色為底色，以黃色似報春花的植物為主體設計，花卉的黃色在畫面中以三角形構圖的方式規劃，呈現穩重之感，與內湖林秀俊墓園中的彩繪瓷版紋樣相同，而花卉及底色的顏色不同，但是與深坑德興行的彩繪瓷版則是完全相同。

肆-四-(二)-4 武功商店山牆彩瓷特寫

本片彩繪瓷版是以天藍色為底色，以青綠色為框線，並且在其上再繪有45度四分之一弧線的綠色線條，中央則是有一線條化的抽象花卉，花卉的中央繪有一十字形星芒的紋樣，紋樣的中央，則亦有一綠色圓形，其綠色與框線的綠色相呼應。本紋樣的彩繪瓷版與大稻埕大山行、金山金包里，以及萬華康定路 102～108 號的彩繪瓷版的紋樣是相同的，唯有在顏色上不同。

肆-四-(二)-5　武功商店山牆彩瓷特寫

　　本片彩繪瓷版完全以幾何紋樣爲畫面的主題，其顏色以深淺的綠色爲主，搭配以白色，而其紋樣在內湖林秀俊墓園中有完全相同者，唯有在色彩上，本片彩繪瓷版之顏色均以綠色的深淺色爲主，林秀俊墓園者則是以活潑的紅、綠色搭配爲主。

肆-四-(二)-6　武功商店山牆彩瓷特寫

　　本片彩繪瓷版顏色上以白色、綠色、黃色爲主體，中央爲一抽象化的黃色花卉，其紋樣與深坑德興行所使用者爲完全相同。

參、大溪（榮泰行，大溪鎮和平路 45 號）

　　大溪位於淡水河的支流大漢溪旁，舊稱爲大料崁，原住民稱爲「TAKOHAM」，原意爲「大水」的意思，譯音爲「大姑陷」，是來自於當地

的凱達格蘭族霄裡社人稱大漢溪的譯音，後來才改稱爲「大溪」，後來居民覺
得「陷」字不吉利，加上地處於河崁之地，於是改稱爲「大姑崁」，日據時代
簡稱爲「大溪」。大溪市街的形成於清代乾隆年間，當時淡水河河運非常發
達，一天就能往返於大溪與台北淡水間，而大溪鄰近的鄉鎮地區爲了交換民
生物資所需，及來往通商，若打算將物資運往淡水港，均需依靠大溪爲轉運
站，大溪因此扮演重要的輪運集散的角色，在淡水正式開港後，允許外國人
進入內陸採集樟腦，大溪便成爲了北台灣的樟腦集散地，自然吸引了更多的
移民遷入大溪定居。正由於水路交通便捷，大溪在清代年間不僅是個繁榮的
港口，更是北台灣漳州、泉州籍移民的重要據點。

　　早年緊鄰大溪河岸碼頭老城區的和平路、中山路，是貨物集散與交通買
賣的商業中心。在日治時期，「大正八年（1919），日人在大溪施行市街改正，
外商富賈聚集的和平路、中山路，成爲首當其衝的改建目標。」〔註22〕故，
在今日的大溪老街上可以見到的美麗牌樓與山牆，均是在當時所完成創建
的。其中，在和平路45號的「榮泰」行的正立面山牆邊柱與秀面柱體上，貼
覆有6×6英吋（15.2cm×15.2cm）的彩繪瓷版。

肆-四-(三)-1　大溪鎮和平路45號之「榮泰」行全景

〔註22〕沈文台，《台灣老街圖鑑》，台北市：貓頭鷹出版，2001年3月，頁75。

一、建築物概況

　　大溪鎮和平路45號之「榮泰」是一單開間街屋建築，也是和平路老街上唯一擁有彩繪瓷版的建築物，今日其後人仍舊經營以木材相關的生意，為「大義成木器行」。「榮泰」行山牆上有極其華麗的剪黏與花卉、花瓶、松鶴、鹿竹等繁複的裝飾，山牆的兩側邊柱，以及正立面兩側的立柱上，各有兩排為數眾多的彩瓷。

二、彩繪瓷版之裝飾風格

　　「榮泰行」所使用的彩繪瓷版之尺寸共有6×6英吋（15.2cm×15.2cm）與3×6英吋（7.6cm×15.2cm）兩種，花色與紋樣均為左右柱面對稱，顏色同樣以綠色為主，間或搭配以黃色與藍色。

　　二樓女兒牆兩側邊柱上以五片6×6英吋（15.2cm×15.2cm）彩繪瓷版居中，周圍圍繞3×6英吋（7.6cm×15.2cm）彩繪瓷版，其居中的彩繪瓷版之紋樣，以交錯方式排列，總共只有兩種紋樣，一、三、五片；二、四片各自相同，其中一、三、五片之彩繪瓷版主題為花卉，二、四片的彩繪瓷版紋樣主題為幾何。而其花卉紋樣的彩繪瓷版與坪林鄉85號的彩繪瓷版的紋樣是完全相同者；幾何紋樣的彩繪瓷版與深坑德興行、三峽武功商店為完全相同者；3×6英吋的邊框彩繪瓷版又與深坑德興行的山門上的堂號邊框為相同者。

肆-四-(三)-2　「榮泰」行女兒牆兩側邊柱彩繪瓷版

　　而一樓立柱以四片彩繪瓷版構成一幅，由上至下共有六幅，由上算起第一幅之紋樣與第三幅之紋樣爲相同者，故共有五種紋樣之彩繪瓷版，但是以新舊而言，本處的彩繪瓷版至少有四種紋樣，可看出爲近年來重新修補時所重新製作者。整體而言，一樓立柱之彩繪瓷版以幾何紋爲多，左右各只有一幅爲花卉者。

　　由上數來第一幅之彩繪瓷版與第三幅爲完全相同者，唯其拼貼方式不同而形成不同之圖案。此爲北台灣淡水河流域沿岸筆者田調唯一見到的作法。然而本建築物雖然經過屋主與政府的有心維護，然而其維護的重點並不完全放在彩繪瓷版之上，所以當筆者從事彩繪瓷版田野調查之際，本處的彩繪瓷版已多處受到損害。

肆-四-(三)-3　　「榮泰」行兩側立柱上之第一、三幅所使用的彩繪瓷版

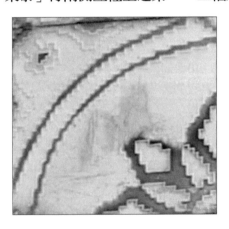

肆-四-(三)-4　　第一幅彩繪瓷版復原假設圖

肆-四-(三)-5　第三幅彩繪瓷版

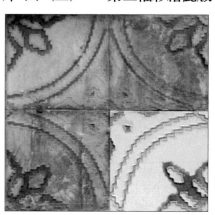

　　而以第一幅、第三幅所使用的彩繪瓷版而言，其彩繪瓷版的紋樣與深坑永安居的正廳裙堵所使用之彩繪瓷版為完全相同者，唯有其顏色不同，本處的彩繪瓷版是以粉紅色為底色，而深坑永安居則是以黃色為底色，此處彩繪瓷版可看出有重新製作修補的痕跡，在筆者與現在屋主的訪談中也可以證明這一點，但是重新修補者其底色為淡黃色，此為其不同之處，有上圖肆-四-(三)-5可以為證。

肆-四-(三)-6　第二幅之彩繪瓷版

　　本片彩繪瓷版以白色為底，其上施以黃色、粉紅色、藍色、天藍色、綠色五種顏色的線條，其中綠色為中央的正方形，其餘均為 180 度的半圓形，若將本片彩瓷多片並列，則可以發現本片彩繪瓷版為四方連續形之紋樣彩瓷。

肆-四-(三)-7　第四幅之彩繪瓷版

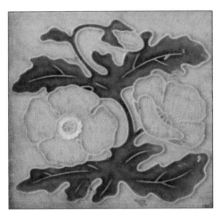

　　本片彩繪瓷版在淡水河流域沿岸是常見的紋樣之一，與深坑德興行、三峽武功商店所使用的彩繪瓷版相同。此處不再重複說明。

肆-四-(三)-8　第五幅之彩繪瓷版

　　第五幅彩繪瓷版雖然左右兩側均爲對稱，但是左側四片的彩繪瓷版當中，有兩片爲重新修補者，故其色澤較爲鮮豔，若仔細端詳，其居中的抽象化之花卉以較爲細小，但是以整體而言，其紋樣與深坑永安居及迪化街大山行所使用的彩繪瓷版仍然爲相同者。

肆-四-(三)-9　第六幅之彩繪瓷版

　　本幅彩繪瓷版雖然為左右立柱對稱，但是右側的彩繪瓷版為大正年間所貼覆者，而左側的彩繪瓷版只有左下之一片為大正年間之物，其餘三片則為近年修復時重新貼上者。故，其顏色上有明顯的差異，大正年間物為以粉紅色為邊框的顏色；而近年貼覆者以黃色為邊框，在上圖中可以清楚地看出其不同。而本紋樣的彩繪瓷版與內湖林秀俊墓園、三峽武功商行所使用的彩繪瓷版為相同者，唯有在色彩上改變，而其內容則是完全相同。

肆、鶯　歌

　　由於淡水河航運的發達，淡水河系沿岸的發達市街及富商大厝，均有以彩瓷裝飾街屋或住宅的風氣，如：深坑一帶及大溪地區等等，而鶯歌正因得到了淡水河支流大漢溪的便利；吸取了淡水河系沿岸以彩瓷裝飾建築的流行，又得以藉由大漢溪運送由淡水河所輸入的大陸地區房屋建材。

　　正是這樣一股彩瓷的風行氣氛，隨後即吹到了鶯歌。以現存的鶯歌使用彩瓷的建築來說，其一尖山路有從事泥水建築業與茶葉生意的鶯歌卓家，採用了少量彩瓷以裝飾其家宅，其二是在中湖里世代擔任保正，並且也從事茶葉生意的鶯歌游家，亦採用了大量的彩瓷以裝飾其翻修的祖宅。

　　但是，做為北臺灣陶瓷重鎮的鶯歌，不但擁有了彩繪瓷版的建築，同時亦是北台灣淡水河流域目前唯一擁有製作彩繪瓷版技術的地區，近年來彩繪瓷版建築的修復漸興，彩繪瓷版的重新製作與修補，其多是由鶯歌的陶瓷師傅所參與從事者。故，鶯歌的彩繪瓷版其重要性，具有與其他地區不同的意義，以下將針對鶯歌地區彩繪瓷版的重要性、彩繪瓷版建築裝飾特色等等而

做深入的探討與分析。

一、鶯歌彩繪瓷版之重要性

鶯歌具備完整的彩瓷系統。彩瓷在台灣的存在，是先有馬約利卡彩瓷，之後才有白底素燒的彩繪瓷版。而鶯歌卻具有完整的彩瓷系統，不但發現了使用馬約利卡彩瓷的建築物，更發現了白底素燒彩瓷的使用與製作。從日治時代傳入的彩瓷到現代新興的彩瓷，鶯歌有著清晰而完備的體系。

鶯歌因製陶而有自我的風格。鶯歌製陶的歷史，是清嘉慶九年（1805），福建泉州府人吳岸（或作鞍）、吳糖兄弟，來到鶯歌大湖兔仔坑利用大湳黑土製陶而開始的〔註23〕。正因爲鶯歌有著製陶的背景，加上自民國 60 年代後興起的建築用陶瓷，鶯歌的白底彩繪瓷版因而產生了在地的需求，更有自己的彩繪瓷版人才，直到現在都一直有人參與彩繪瓷版的製作。

以交通優勢上來說，鶯歌位於大台北盆地之西南隅，有大漢溪流經其東南方。大漢溪（古稱擺接溪），爲淡水河三大支流之一，在清代時水量非常豐富，是淡水河流域的貨物流通鶯歌、三峽及大溪的主要河道。也因爲有了這條大漢溪，使得上游三鶯地區的物產資源可以藉由淡水河港而互通有無，三鶯地區的木材、煤礦、樟腦、藍泥、茶葉可以藉由淡水河港輸出，而大陸地

肆-四-(四)-1　鶯歌卓家祖厝原貌〔註24〕

〔註23〕 俞美霞，〈磁州‧鶯歌‧交趾燒——台灣民窯探源〉，《藝術家雜誌》，2002 年
9 月，頁 354。

〔註24〕 翻拍自賴智彰主持，《台北縣傳統民居調查「第一階段」》，台北縣政府文化局
出版，1990 年 11 月，頁 116。

區的貨物及建築材料亦可由大漢溪運輸而至於三鶯地區，使得鶯歌過去在交通上往來頻繁，帆影交錯，熱鬧一時。而現在雖然已無水路的運輸，但取代的是更爲便利的鐵路運輸及公路運輸，鶯歌也因爲有了種種交通之便，而有了可以將貨物互通有無的機會，同時，也給予了鶯歌彩瓷一個良好的發展契機，使得鶯歌彩瓷得以販售流通到台灣各地，甚至海外，奠定了鶯歌彩瓷的地位及重要性。

二、鶯歌現存建築彩繪瓷版之舉例

（一）卓家祖厝

肆-四-(四)-2　鶯歌卓家祖厝正間彩瓷〔註25〕

在尖山路的鶯歌卓家祖厝，現今的屋宅建于西元1926年，亦即日治時期的大正十五年間，也就是說，迄今西元2005年約有79年的屋齡，是由卓家來台的第五代卓廣生所建造。鶯歌卓家祖先早期於泉州做陶，並且當中也有從事營建房屋的工匠，後代以作泥水匠及茶葉生意爲主〔註26〕，現亦有開立鐵工廠者。卓氏祖籍爲泉州府赤皮坑人，開台基祖是卓雲騰，鶯歌卓家起先居於三峽，後來遷居鶯歌福德巷，再搬遷至現址，因爲鶯歌卓家過去的家業

〔註25〕 同上註。
〔註26〕 賴智彰主持，《台北縣傳透民居調查「第一階段」》，台北縣政府文化局出版，1990年11月，頁116。

興盛，曾經是鶯歌鎮之望族。

　　正因鶯歌卓家人早期從事泥水業，對於建築材料與時尚的掌握熟悉，故對於建築裝飾的流行之風當然知之甚稔，加上又為富裕之家，又有能力可以購置彩瓷，所以從鶯歌卓家彩瓷的使用，可以得知彩瓷確為當時風行一時之建築裝飾。

　　卓厝的房屋建築細膩且裝飾精緻，並且由從事營造業的鶯歌卓家人自己所親手建造。鶯歌卓家古厝的裝飾風格雍容典雅，門上以穩健的楷書所書寫的堂號──「泰安居」說明了屋主當時的懷抱，又有屋脊上的華麗花鳥剪黏，正間入口門邊的一對白灰泥塑花瓶，花瓶上的花朵也用剪黏的方式完成，次間開出了兩扇竹節三爪窗，窗上還用了泥塑的書卷以裝飾，另外，還在屋簷下的墀頭位置裝置了二十四孝的人物泥塑。在以上種種的中式建築語法中，鶯歌卓家古厝又在兩扇竹節窗旁，加上了八片在大正時期最為時興的彩瓷，兼容了傳統之美，與當代流行之風，在筆者詢問現在的鶯歌卓家後人口中得知，這八片彩瓷是當初在建造這幢古厝時，一起和建材隨船由大陸運送而來的，在筆者今年六月的田野調查中發現，昔日美麗的八片彩瓷，現已遭人偷盜去六片，只剩下一片遭破壞的殘跡，及唯一一片因為有了裂痕，而幸運逃過偷盜者的破壞，得以保留完整，供今人憑弔卓厝昔日的美麗光景。

肆-四-(四)-3　今日鶯歌卓家正間僅存彩瓷

肆-四-(四)-4　卓家僅存彩瓷近拍

　　本片彩繪瓷版雖然已經遭宵小破壞，但是仍可看出其與深坑永安居、迪化街大山行，及大溪榮泰行的彩繪瓷版的紋樣為相同者。

肆-四-(四)-5 卓家僅存彩瓷近拍	肆-四-(四)-6 左彩瓷復原假設圖

　　而本片彩繪瓷版因宵小之偷盜而破損，僅剩餘下上方一小片的殘片，但是若與坪林鄉 85 號，與大溪榮泰行的彩繪瓷版相對照，則不難想見其原貌。

　　值得注意的是，若是就卓家僅餘下的二片彩繪瓷版與大溪榮泰行的彩繪瓷版相對照，則發現兩片彩繪瓷版均與大溪榮泰行為相同的紋樣者，此處的巧合使人將兩地的地理位置與河運關係做聯想。在三鶯地區，包括大溪一帶，其所使用的彩繪瓷版多為大致相同者。

（二）游家祖厝

1. 歷史背景

另一例是鶯歌中湖里金包巷的鶯歌游家。鶯歌游家的姓氏特別，與一般游氏不同的是，金包珠巷一帶的游氏其姓氏中的「方」字要換成「才」字。其典故來自鶯歌游家在福建漳州的始祖與其至交的一段舊事。鶯歌游家始祖原來姓王名念八，夫婦靠打鐵維生，與大地主游信忠為莫逆之交，而游氏雖然富裕卻膝下無子，王念八生活貧苦，早逝後留下一兒，摯友游信忠將其收為嗣子，並贈予名下財產，王家因為感念鶯歌游家的恩澤，從此王家子孫要繼承兩姓的香煙，並且改變其姓氏為內部改為「才」字的游氏。

乾隆初葉，鶯歌游家自十二世游榮村自福建詔安遷台後，即入墾鶯歌，創建家業於金包珠一帶，過去是以經營茶葉生意起家，後來氏族逐漸興旺，至十五世游貴倉時，開始在日治時期擔任保正，進而轉任參議員，鶯歌游家一時家聲鼎盛，鄰里皆知，接著鶯歌游家每一世均有人擔任地方要職，繼而十六世時擔任保正，十七世任里長，十八世亦為現任的里長〔註27〕。

肆-四-(四)-7　鶯歌游家正間全景

肆-四-(四)-8　鶯歌游家正間屋脊上的豐富彩瓷

肆-四-(四)-9　鶯歌游家祖厝右護龍方窗上的泥塑

在接受筆者訪談時，鶯歌游家目前的耆老──游昌欽先生回憶，游先生
出生於大正八年（1919）時，鶯歌游家祖宅在其幼年時原本爲茅草蓋頂的草
屋，其存在的時間由鶯歌游家十二世來台祖推算，已有一百六十年左右的歷
史，約莫在游先生十四歲時，由其父執輩修建了左右兩邊的護龍，並且在修
建左右護龍的後二年，才整修了正廳，故鶯歌游家今天的祖厝應整建於昭和
八年（1933）。據游先生告知，鶯歌游家當年很講究的從錫口（今松山）請人
輾轉運來了當時品質精良的「錫口磚」，特別延聘了南部來的老師傅〔註28〕，
更貼上了今日不論以數量論，以紋樣的種類而論，都可堪稱爲北台灣數一數
二的彩繪瓷版，現在由屋脊上的各色彩瓷，仍可以想見鶯歌游家當年的富裕
景況。

<hr>

〔註28〕以上資料來自 2004 年 7 月筆者與游昌欽先生的訪談資料。

2. 建築裝飾

鶯歌游家祖厝現在是一幢五間起左右二護龍的三合院，左右護龍外各加蓋一外護。正間與兩邊護龍上均有大量的彩瓷，正間壁堵與左護龍壁面已重修建過，唯有右護龍保持有較完整的原來風貌。在今天右護龍的方窗上，仍然可見到當年所請的南部師傅所做的泥塑書卷，十分雅緻，又在左右護龍的山牆下，製有銅錢形狀的泥塑懸魚裝飾（如肆–四–(四)–11）。

肆–四–(四)–10　右護龍上並存的彩瓷與剪黏

肆–四–(四)–11　左護龍上的泥塑銅錢懸魚

另外，在同樣是右護龍的屋脊上，我們除了可以發現彩瓷外，亦可見到精緻的剪黏，在以彩瓷爲主要裝飾的屋脊上，剪黏很明顯的減少了，而且

彩瓷被置於主要的位置上，剪黏則位於彩繪瓷版之下及彩瓷兩側，右護龍以剪黏作為彩瓷的陪襯意義至為顯，由此更可見出彩瓷在當時作為建築裝飾主流。

　　鶯歌游家彩瓷數量之多，風貌之眾，應可稱之為北台灣之翹楚。鶯歌游家是先貼左右兩護龍之彩瓷而後才貼正廳之彩瓷。左右兩護龍與其外護之屋脊上雖然均有貼覆彩瓷，但是裝飾風格各有不同。

三、鶯歌彩繪瓷版之裝飾特色（以游家彩瓷為例）

（一）尺寸、風格

　　鶯歌游家彩瓷的大小，就其尺寸分類，共分成二種尺寸：為 6×6 英吋（15.2cm×15.2cm）及 3×6 英吋（7.6cm×15.2cm）彩繪瓷版，然而就其顏色而言，鶯歌游家的 6×6 英吋建築彩瓷其所使用的顏色五花八門，色彩妍麗，但是仔細分辨則其色澤卻多以深淺的綠色為多，紅色次之。圖樣的選擇方面，則以花卉主題為最多，幾何圖形次之。

（二）以位置而分

　　以下將以位置分類來說明游家脊堵上的彩繪瓷版，共分類為左護龍、右護龍，以及正間脊堵。

1. 左護龍

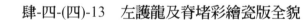

肆-四-(四)-13　左護龍及脊堵彩繪瓷版全貌

（1）構置

左護龍彩瓷花色整齊，以花卉與水果為主題，共分成七等份，三個長段，四個小段，四小段兩兩對稱相同，中間二小段相同，外側二小段相同，自成一系統。

（2）紋飾風格

左護龍之彩繪瓷版均以各色的花卉、水果作為主題，值得注意的是，左護龍的脊堵彩瓷所使用者多在畫面的四個直角處繪有一扇型的色塊，使得彩瓷紋樣的畫面更加精緻，且更具整體性。

以下將鶯歌游家左護龍的三大段、四小段彩繪瓷版，分成水果類與花卉植物類來做說明：

① 水果紋樣類

左護龍之第二和第三小段也是對稱相同的，同樣採取左右對稱的紋樣。而左護龍所使用的水果紋樣的彩繪瓷版共有三種。其一為藍色高腳托盤者，其形狀類似於西方的高腳杯，在其上置有各色的水果，如香蕉、蘋果、櫻桃等等，並且在其四角落處也有一綠色扇形塊狀，使得顏色更為斑斕。其二為無盛載之器皿，唯有單純的三樣水果，鳳梨、桃子與香蕉，並且在四個直角處有四顆桑葚的裝飾，此紋樣與淡水石頭厝民居的彩繪瓷版為相同者。其三為一竹籃，竹籃中裝置有多樣的水果，如鳳梨、香蕉、葡萄、石榴、桃子與李子等，並且也在四個直角處繪有紫色的扇形塊狀。

肆-四-(四)-14　　　肆-四-(四)-15　　　肆-四-(四)-16

左護龍水果彩繪瓷版之紋樣

② 花卉植物紋樣類

花卉植物紋樣的彩繪瓷版品項眾多，以下將依照其尺寸，分成3×6英吋（7.6cm×15.2cm），以及6×6英吋（15.2cm×15.2cm）來做說明之：

肆-四-(四)-17

左護龍之 3×6 英吋（7.6cm×15.2cm）花卉彩繪瓷版之一

本片彩繪瓷版是以綠色為底色，其中央以兩朵紅色的四瓣花卉作為畫面的主體，並且在其四周還設有元寶之紋樣，以喻有招財進寶之吉祥意，並在兩側繪有上下各半的元寶紋樣，使得本紋樣的彩繪瓷版具有二方連續的特色。

肆-四-(四)-18

左護龍脊堵之 3×6 英吋（7.6cm×15.2cm）花卉彩繪瓷版之二

本片彩繪瓷版亦以淺綠色為底色，以墨綠色為上下的框線，其中央以許多各色的花卉，及藍色的花籃作為畫面的主體，並且在花籃的兩側還設有絲帶之藍色紋樣，使得本紋樣的彩繪瓷版也具有二方連續的特色。

肆-四-(四)-19

左護龍脊堵之 3×6 英吋（7.6cm×15.2cm）花卉彩繪瓷版之三

本片彩繪瓷版以白色為底色，以綠色為上下的框線，其中央以二朵紅色鬱金香的花卉，及其綠色的莖葉作為畫面的主體，並且在本紋樣的兩側還繪有綠色葉片未完成的紋樣，使得本紋樣的彩繪瓷版也具有二方連續的特色。

肆-四-(四)-20

左護龍脊堵之 3×6 英吋（7.6cm×15.2cm）花卉彩繪瓷版之四

　　本片彩繪瓷版以米白色爲底色，以深綠色爲上下的框線，其中央以一朵紅色菊科花卉及其綠色的葉片作爲畫面的主體，並在本紋樣的兩側還繪有半朵小菊花的紋樣，使得本紋樣的彩繪瓷版也具有二方連續的特色。本紋樣同於右護龍、大溪榮泰行與深坑德興行山門之彩繪瓷版，唯有在花卉之顏色上不同。

肆-四-(四)-21

左護龍脊堵之 3×6 英吋（7.6cm×15.2cm）花卉植物彩繪瓷版之五

　　本片彩繪瓷版是以木槿爲主角，在畫面的中央設有二朵紅色的朱槿，其枝葉作爲畫面的陪襯，且在上、下均有墨綠色有框線。

肆-四-(四)-22

左護龍 6×6 英吋（15.2cm×15.2cm）花卉植物彩繪瓷版之一
右一爲朱槿，左下似牡丹，上方爲黃色木槿花卉

　　本片彩繪瓷版是完全以花卉為主要的紋樣，以擺滿了似黃色木槿、朱槿與紅色牡丹的花瓶樣貌呈現，如果仔細看，本花瓶彩瓷的四角，還有四片褐色底上繪有綠色嫩芽的扇形，用色豐富多變。

肆-四-(四)-23

左護龍似牡丹之 6×6 英吋（15.2cm×15.2cm）花卉紋樣彩繪瓷版之二

　　本片彩繪瓷版是以白色為底色，中央繪有兩朵牡丹，在其四周綴以綠色的葉片，具有熱帶的風情與旺盛的生命力。

肆-四-(四)-24

左護龍之 6×6 英吋（15.2cm×15.2cm）花卉植物紋樣彩繪瓷版之三

　　本片彩繪瓷版位於左護龍右數第二段中央，主題則是繪有一黃色菊花與一似月季之花卉，花卉的四周以綠葉陪襯，並且也在畫面的四個直角處，繪

有藍色的扇形塊狀。

肆-四-(四)-25

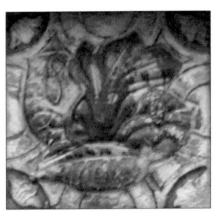

左護龍之 6×6 英吋（15.2cm×15.2cm）花卉植物紋樣彩繪瓷版之四

　　本片彩繪瓷版的顏色已經退去許多，以今日的觀察而言，畫面的主題應該為類似日本喜普鞋蘭的紅色蘭花，蘭花的下方以綠葉襯托，在畫面的四個直角處，也繪有咖啡色的扇形塊狀紋樣。

肆-四-(四)-26　　　　　　　　肆-四-(四)-27

左護龍之 6×6 英吋（15.2cm×15.2cm）花卉植物紋樣彩繪瓷版之五、六

　　此二片紋樣相同的彩繪瓷版是以花瓶的方式盛裝一整簇的紫色、紅色之牡丹花，居中的花卉盛開，但是在主角之後，依然可以看到約略有許多牡丹花卉藏身於其後，本片的彩繪瓷版也在其四個直角處，繪有咖啡色的斜角，

以與紋樣中央的花瓶顏色相呼應。

肆-四-(四)-28

左護龍之 6×6 英吋（15.2cm×15.2cm）花卉植物紋樣彩瓷之七

　　本片彩繪瓷版是以一朵紅色的彩繪版居畫面之中，左側則以兩朵粉紅色與黃色的花卉作為裝飾，值得注意的是，在畫面的上方有一支類似像羽毛的紫色紋樣，使得畫面主體豐富而多元，花卉的下方有許多綠葉，並且在其四個直角處有咖啡色的斜角紋樣。

肆-四-(四)-29

左護龍之 6×6 英吋（15.2cm×15.2cm）花卉植物紋樣彩瓷之八

　　本片彩繪瓷版的主題為康乃馨，選用的顏色為天藍色、白色、綠色、紅色，再畫面的中央為四個圓形，每一個圓形之中有一朵康乃馨，四個圓

形之外又有一個大的圓形，在其四個直角處分別以紅色、綠色作為斜角的裝飾。

肆-四-(四)-30

左護龍之 6×6 英吋（15.2cm×15.2cm）花卉植物紋樣彩瓷之九

本片彩繪瓷版的主題為一抽象化的紅色蘭花，以蘭花的枝葉對稱捲曲而作為畫面的裝飾，畫面的下方還設有一綠色的邊框，邊框之上設有花瓣型立體紋樣，整體而言，顏色簡單而主體穩重，與左護龍其他的活潑紋樣大不相同。

肆-四-(四)-31、32

左護龍之 6×6 英吋（15.2cm×15.2cm）花卉植物紋樣彩繪瓷版之十、十一

本二片彩繪瓷版為四方連續形，以左右二邊的對稱植物紋樣以作為畫面的主題，二片為抽象化的植物線條，並在畫面主體藤蔓植物之下方，垂掛有

一天藍色似蓓蕾的花朵紋樣，在此二者合併之後，其下方有一半圓形球體，雖然本抽象化的植物紋樣彩繪瓷版，並無明確開放的花卉作為其主角，但是卻同樣給觀者華麗、豐富的視覺印象。

肆-四-(四)-33

左護龍之 6×6 英吋（15.2cm×15.2cm）花卉植物紋樣彩繪瓷版之十二

本片彩繪瓷版是以白色為底色，中央繪有二朵又名為野牡丹的紅色、紫色的金石榴花，右側為一朵黃色的菊花，在其四周綴以綠色的葉片，具有熱情與豐沛的視覺印象。

（3）排列方式

將腰帶用 3×6 英吋（7.6cm×15.2cm）彩繪瓷版居上相連，其下置有 6×6 英吋（15.2cm×15.2cm）彩繪瓷版彩瓷並列相連。

2. 右護龍

肆-四-(四)-34　右護龍脊堵之彩繪瓷版全景

（1）構置

右護龍之脊堵的安排方式則與左護龍異中有同。不同的是右護龍除彩繪瓷版之外，還擁有剪黏的裝飾，此外，右護龍雖也有使用腰帶彩瓷，卻將腰帶彩繪瓷版與 6×6 英吋（15.2cm×15.2cm）的彩繪瓷版並排而列，並未作為邊框之用；而相同的是，右護龍一樣分成左、右、中三大段與四小段。

（2）紋飾風格

左右護龍的彩繪瓷版多以各色花卉為主，完全沒有水果的紋樣彩瓷。但右護龍卻有少許幾何圖樣的彩瓷。以色彩而言，右護龍多以綠色為多，左護龍以紅色為多。以下將右護龍的彩繪瓷版分成幾何紋樣者與花卉植物紋樣者而做分析探討。

① 花卉植物紋樣類

由於右護龍的花卉紋樣品項亦多，也將依其尺寸分成 3×6 英吋（7.6cm×15.2cm）與 6×6 英吋（15.2cm×15.2cm）二者來做說明。

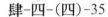

肆-四-(四)-35

右護龍脊堵之 3×6 英吋（7.6cm×15.2cm）花卉植物彩繪瓷版之一

本片彩繪瓷版為以月季花為紋樣主角設計的彩繪瓷版，花朵為粉紅色，而其周圍則採用墨綠色，並且在墨綠色的外圍之上，設有立體的波浪形紋樣。

肆-四-(四)-36

右護龍脊堵之 3×6 英吋（7.6cm×15.2cm）花卉植物彩繪瓷版之二

　　本片彩繪瓷版亦同樣是以月季花爲主角，畫面的中央是三個圓形，居中的圓形中置有一月季花，左右爲淺紫色十字行星芒，且在其上、下均有墨綠色爲其框線。

肆-四-(四)-37

右護龍脊堵之 3×6 英吋（7.6cm×15.2cm）
花卉植物彩繪瓷版之三

　　本片彩繪瓷版與前文所述的左護龍、深坑德興行山門、大溪榮泰行的山牆上的彩繪瓷版相同，而與左護龍的此紋樣的彩繪瓷版顏色不同，但是設計相同。

肆-四-(四)-38

右護龍脊堵之 6×6 英吋（15.2cm×15.2cm）
花卉植物彩繪瓷版之一

　　本片彩繪瓷版以淺綠色、墨綠色、紅色爲畫面的主體，並且爲四方連續形的紋樣設計，此紋樣已在淡水河流域沿岸多處出現，唯本紋樣之顏色是此類彩繪瓷版的紋樣中，唯一有出現以紅色與綠色相搭配者。

肆-四-(四)-39

右護龍脊堵之 6×6 英吋（15.2cm×15.2cm）
花卉植物彩繪瓷版之二

本片彩繪瓷版與內湖林秀俊墓園所使用的彩繪瓷版為完全相同者。

肆-四-(四)-40

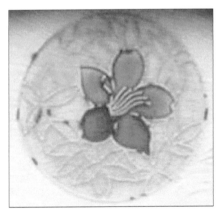

右護龍脊堵之 6×6 英吋（15.2cm×15.2cm）
花卉植物彩繪瓷版之三

本片彩繪瓷版是以粉紅色的秋海棠科花卉居於畫面的主角，以淺綠色圓形為其背景，又在其外圍以白色作為其地，使得畫面整體顯得清新而優雅。

肆-四-(四)-41　　　　　　　　　肆-四-(四)-42

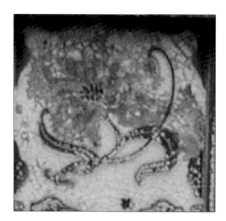

右護龍脊堵之 6×6 英吋（15.2cm×15.2cm）
花卉植物彩繪瓷版之四、五

　　此二片彩繪瓷版也是在北台灣淡水河流域沿岸較常被使用者，已在前文內湖林秀俊墓園中見到肆-四-(四)-41，而深坑德興行與萬華金義合行亦已經介紹過肆-四-(四)-42。

肆-四-(四)-43

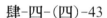

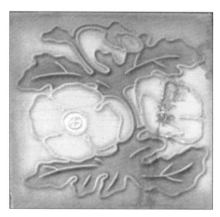

右護龍脊堵之 6×6 英吋（15.2cm×15.2cm）
花卉植物彩繪瓷版之六

　　本片彩繪瓷版是以黃色似報春花的植物紋樣作爲畫面的主角，也在前文中已提及，而值得注意的是，三峽、鶯歌、大溪一帶的彩繪瓷版建築物上，均可以見到本紋樣的彩繪瓷版，此爲其重要之處。

肆-四-(四)-44

右護龍脊堵之 6×6 英吋（15.2cm×15.2cm）
花卉植物彩繪瓷版之七

據筆者的田野調查，本片彩繪瓷版為淡水河流域沿岸少見到的紋樣，但是在澎湖與金門一帶卻時常可以見其被使用在建築上，其紅色的花冠似風鈴草，卻又低低垂頭，其下有三片葉子，以作為穩定畫面之用，底色為米黃色，顏色簡單且構圖單純。

② 幾何紋樣類

肆-四-(四)-45

右護龍脊堵之 6×6 英吋（15.2cm×15.2cm）
幾何彩繪瓷版之一

本片彩繪瓷版為右護龍少有之幾何紋樣之彩繪瓷版，而且其紋樣完全與內湖劉秀俊墓園中所使用的彩繪瓷版相同。

肆-四-(四)-46

右護龍脊堵之 6×6 英吋（15.2cm×15.2cm）
幾何彩繪瓷版之二

本片彩繪瓷版為右護龍少有之幾何紋樣之彩繪瓷版，本紋樣以柿葉紋為主要的構圖，顏色多樣，而且此紋樣完全與淡水石頭厝、內湖劉秀俊墓園中所使用的彩繪瓷版相同。

（3）排列方式

右護龍是將一般置於腰帶或框線用的 3×6 英吋彩瓷，間或穿插在 6×6 英吋的彩瓷之間，而未同於左護龍將之作為框線用途。

3. 左右護龍之比較

左右護龍不同的是，右護龍在三大段中間的四小段，均以泥塑的方式做成長尾螭龍，靠近正廳及外護的部分是採用剪黏的方式貼花，在中央的部分才使用了彩瓷，在使用彩瓷的一段上也同時有使用較少的剪黏，是以瓷碗剪成花朵的形式貼在彩瓷之下，到今天尚存一朵較完整的瓷花。整體說來，鶯歌游家兩邊護龍相異的是，左護龍以彩瓷為主要裝飾設計；而右護龍卻以彩瓷和剪黏搭配設計，左護龍全以彩瓷作規律的施作；右護龍以彩瓷居中，並無一定規律，於彩瓷兩側再以剪黏和泥塑搭配施作；左護龍以腰帶彩繪瓷版居上，其下置 6×6 英吋的彩繪瓷版；右護龍是將腰帶彩繪瓷版與 6×6 英吋的彩繪瓷版間或穿插貼覆；左護龍以花卉、水果為其主題，而右護龍是以花卉與既合為其主題。而唯一相同的是，二者均有使用 3×6 英吋與 6×6 英吋的花卉紋樣之彩繪瓷版。

4. 正間脊堵

（1）構置

正間脊堵其施作的方式，仍然是採取三大段，搭配四小段的方式，然而四小段均採用彩瓷對稱安插的施作方式，三大段中以陶製鏤空花磚居中，以花樣繁多的彩繪瓷磚分立兩側。

（2）重要特色

值得注意的是，正間脊堵遠高於左右護龍之脊睹，其最外圍左右對稱的彩瓷中，有以特殊手法——「型版」（見文後之彩繪瓷版的製作技巧章）製成的彩瓷，亦有北台灣極為少見的伊斯蘭文字圖樣之彩繪瓷版，如下圖肆-四-（四）-47，其樣式之新穎程度，更勝兩側護龍。同時，正間脊堵所使用的彩瓷遠比兩側的護龍華麗、繁複。

肆-四-（四）-47

精采的游家正間脊堵的四排彩瓷，及伊斯蘭文字彩瓷（右一）

（3）紋飾風格

正間脊堵上也同樣採取各色花卉的紋樣，不論是四排中的任何一排，也均以花朵作為主題。

① 第一排

先從最上的第一排說起，第一排總共選用了兩種彩瓷，分成左右中三段，以紫色為外圍，以紅色月季為主角的腰帶彩瓷居中，白底綠線條的腰帶彩瓷居於兩邊，以中置的紫色彩瓷象徵紫氣東來，以突顯其尊貴。

肆-四-(四)-48

正間脊堵之 3×6 英吋（7.6cm×15.2cm）白底花卉植物彩繪瓷版之一

肆-四-(四)-49

正間脊堵之 3×6 英吋（7.6cm×15.2cm）紫色花卉植物彩繪瓷版之二

② 第二排

　　第二排彩瓷除了前述的四小段各有對稱，花色平衡之外，兩個大段的紋樣只能說以各色花卉為主題，即便是以伊斯蘭文字為主體者，其文字中亦見到花卉，然而在安排上並沒有固定的貼覆邏輯，以下將其未與左右護龍重複之彩繪瓷版羅列說明如下。

肆-四-(四)-50　　　　　　　　肆-四-(四)-51

正間脊堵之第二排 6×6 英吋（15.2cm×15.2cm）文字及花卉彩繪瓷版之一、二

　　嚴格說來，本片彩繪瓷版應爲伊斯蘭文字彩瓷，此說明了彩繪瓷版確實與中東地區有著密不可分的淵源，且此紋樣之彩繪瓷版在北台灣淡水河流域沿岸爲少有之紋樣，即便在澎湖與金門一帶亦爲難得見到之彩繪瓷版，而鶯歌游家則擁有兩片。

肆-四-(四)-52

正間脊堵之第二排 6×6 英吋（15.2cm×15.2cm）花卉彩繪瓷版之一

　　本片彩繪瓷版爲淡水河沿岸彩瓷建築中少見之型版彩瓷，其紋樣的內容亦爲難得見到的蓮花，畫面其中有一朵綻放的蓮花，一支含苞的蓓蕾，及一支蓮蓬，其下方則有田田的荷葉，與象徵蓮花出淤泥而不染的藍色清水，在畫面的背景則有許多青色的水草。

肆-四-(四)-53

正間脊堵之第二排 6×6 英吋（15.2cm×15.2cm）花卉彩繪瓷版之二

　　本片彩繪瓷版為淡水河沿岸聚落常出現之紋樣，但是本片彩繪瓷版之顏色搭配卻是極為罕見，甚至是唯一僅有者，即便筆者在金門與澎湖的田野調查亦是未曾見到，屬於十分難得之色彩搭配，在鶯歌游家總共出現此紋樣極為少見的顏色搭配者有兩片，此為其一。

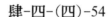

肆-四-(四)-54

正間脊堵之第二排 6×6 英吋（15.2cm×15.2cm）花卉彩繪瓷版之三

　　本片彩繪瓷版在深坑德興行的正立面裙堵上已經介紹過，色彩採用紅色、綠色之外，有少見的紫色，在鶯歌游家正間脊堵上，紫色為大宗，這在整條淡水河流域沿岸是極為特殊的色彩主題。

肆-四-(四)-55

正間脊堵之第二排 6×6 英吋（15.2cm×15.2cm）花卉彩繪瓷版之四

　　本片彩繪瓷版在淡水河流域沿岸不可謂之不常見，在前文中多處已然說明過，如：淡水石頭厝、三芝源興居等等。

肆-四-(四)-56

正間脊堵之第二排 6×6 英吋（15.2cm×15.2cm）花卉彩繪瓷版之五

　　本片彩繪瓷版看起來是倒立貼覆的者，以白色為其底色，其中央繪有似以鬱金香花卉為主體的抽象畫，在主角鬱金香的花冠上，由上至下繪有三種顏色，最上方為藍色，中央為白色，其下為紅色，在中央是以黃色為中軸的虛線以貫穿之，花卉的下方有捲曲的黃色、橘色之線條，同時亦有綠色的葉片，畫面豐富又不雜亂，充滿情趣又具有高度的藝術美學構成，實唯一難得的藝術品。在任何其他的區域均不曾見到過。

肆-四-(四)-57

正間脊堵之第二排 6×6 英吋（15.2cm×15.2cm）花卉彩繪瓷版之六

　　本片彩繪瓷版以米白色為其底色，其中央繪有看似白色的花卉為其畫面的主體，下方有咖啡色的框線，在主角花卉下方可看出類似田田荷葉的綠色葉片，可惜其已經年代久遠，且因為所貼覆的位置的因素，今日實在有辨認上的困難。

肆-四-(四)-58

正間脊堵之第二排 6×6 英吋（15.2cm×15.2cm）花卉彩繪瓷版之七

　　本片彩繪瓷版以淺綠色爲其底色，其中央繪有橘紅色類似諼草（萱草）的百合科的花卉爲其畫面的主體，萱草又名爲丹棘、忘憂草、宜男草〔註29〕，潘先生的《詩經植物圖鑑》亦引白居易的詩中：「杜康能解憂，萱草能忘憂。」及曹植的〈宜男花頌〉文中：「婦女服食萱花求得男」，以說明萱草的忘憂、宜男之意，且文樣之花貌極似百合花，若其紋樣爲百合，則百合亦有「百年好合」之吉祥寓意。

肆-四-(四)-59

正間脊堵之第二排 6×6 英吋（15.2cm×15.2cm）花卉彩繪瓷版之八

〔註29〕 潘富俊，《詩經植物圖鑑》，台北市：貓頭鷹出版公司，2001 年，頁 113。

　　本片彩繪瓷版以白色為其底色，其中央繪有橘紅色的薔薇科月季花卉為其畫面的主體，畫面的四周還繪有藍色及咖啡色的三角形色塊，以構成整幅穩定，具有東方美學之感的畫面。

肆-四-(四)-60

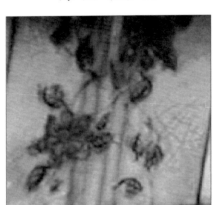

正間脊堵之第二排 6×6 英吋（15.2cm×15.2cm）花卉彩繪瓷版之九

　　本片彩繪瓷版以米白色為其底色，其中央二側繪有紅色的藤蔓花卉為其畫面的主體，花卉的周圍亦繪有綠色的葉片以作為畫面的點綴。

肆-四-(四)-61　　　　　　　　　　肆-四-(四)-62〔註30〕

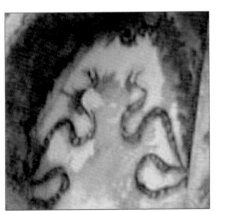

正間脊堵之第二排 6×6 英吋（15.2cm×15.2cm）花卉彩繪瓷版之十、十一

〔註30〕翻拍自繆弘琪主編，《流光凝煉方寸間》，台北縣立鶯歌陶瓷博物館出版，2003年1月，頁143。

　　本片彩繪瓷版是倒立貼覆者，以白色爲底色，其左右兩側有藍色的綵帶以作爲其裝飾並且使其具有二方連續的特色，其畫面的中央是許多花卉組合而成的環形狀物。因爲其所貼覆的位置的關係，今已無法見其全貌，所幸在鶯歌陶瓷博物館所製作編輯的書中還有其原本的紋樣記錄，以將之翻拍置於其右。

肆-四-(四)-63

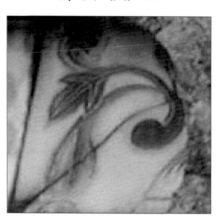

正間脊堵之第二排 6×6 英吋（15.2cm×15.2cm）花卉彩繪瓷版之十二

　　本片彩繪瓷版是以粉紅色爲其底色，其紋樣與左護龍之相同，唯有其顏色不同，但此亦爲北台灣淡水河流域極爲少見的紋樣與顏色之一。

③ 第三排

　　第三排的 3×6 英吋（7.6cm×15.2cm）腰帶彩瓷居於第二排 6×6 英吋（15.2cm×15.2cm）的彩瓷之下，其紋樣種類共有四種，在排列上也是採取兩邊對稱平衡的安插方式。

肆-四-(四)-64

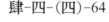

第三排 3×6 英吋（7.6cm×15.2cm）彩繪瓷版之一

　　本片彩繪瓷版是以白色爲底色，在其上繪有紅色的花卉與藍色的、黃色的紋樣，黃色的紋樣做彩虹狀的弧形，畫面協調而具有二方連續的特色。

肆-四-(四)-65　　　肆-四-(四)-66　　　　　肆-四-(四)-67

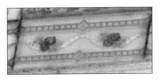

第三排 3×6 英吋（7.6cm×15.2cm）彩繪瓷版之二、三、四

　　本三片彩繪瓷版其紋樣均爲相似，而其底色與框線之紋樣不同，其中央有黃色、紅色、粉紅色三種顏色的花卉作爲畫面的主題裝飾，並且各有彩虹形帶狀的線條以構成二方連續的特色。此外，每一紋樣的彩繪瓷版均有四種顏色以作爲其配色。

　　④ 第四排

　　至於第四排的 3×6 英吋（7.6cm×15.2cm）彩繪瓷版，種類繁多共計有二十二種不同色彩與紋樣之彩繪瓷版，樣式多元，排列上無法以固定的邏輯歸類，只能說依然還是以花草爲主題，但色彩上不限於深淺之綠色，亦有紅色、黃色、藍色，及紫色。

　　就其整體內容而言，除了花草之外，也有麥穗及幾何的紋樣，花朵上不限於綻放的花卉，亦有含苞待放的蓓蕾，有幾何紋樣再加上花朵的構圖方式，也有數朵花排列成爲方形，或以弧形的構圖來做爲整體畫面的設計者，當然其中亦有以高腳花托來盛放許多小花的紋樣。

　　其中有相同紋樣卻不同顏色者，亦有不同紋樣與花色者，以下將正間脊堵第四排之所有的 3×6 英吋之彩繪瓷版，分成相同的紋樣卻不同顏色者，與完全不同紋樣與花色者，羅列整理如下：

肆-四-(四)-68　　　肆-四-(四)-69　　　　　肆-四-(四)-70

第四排 3×6 英吋（7.6cm×15.2cm）彩繪瓷版之一、二、三

肆-四-(四)-71   肆-四-(四)-72

第四排 3×6 英吋（7.6cm×15.2cm）彩繪瓷版之四、五

肆-四-(四)-73   肆-四-(四)-74

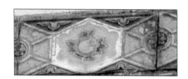 

第四排 3×6 英吋（7.6cm×15.2cm）彩繪瓷版之六、七

肆-四-(四)-75   肆-四-(四)-76   肆-四-(四)-77

第四排 3×6 英吋（7.6cm×15.2cm）彩繪瓷版之八、九、十

肆-四-(四)-78   肆-四-(四)-79   肆-四-(四)-80

第四排 3×6 英吋（7.6cm×15.2cm）彩繪瓷版之十一、十二、十三

肆-四-(四)-81   肆-四-(四)-82   肆-四-(四)-83

  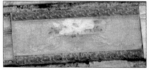 

第四排 3×6 英吋（7.6cm×15.2cm）彩繪瓷版之十四、十五、十六

肆-四-(四)-84　　　　肆-四-(四)-85　　　　肆-四-(四)-86

第四排 3×6 英吋（7.6cm×15.2cm）彩繪瓷版之十七、十八、十九

肆-四-(四)-87　　　　肆-四-(四)-88　　　　肆-四-(四)-89

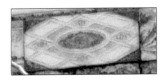

第四排 3×6 英吋（7.6cm×15.2cm）彩繪瓷版之二十、二十一、二十二

（4）排列方式

以排列的方式而論，左護龍上排 3×6 英吋腰帶彩瓷，下排 6×6 英吋彩瓷，共計兩排；右護龍中間脊堵並置有腰帶彩瓷與 6×6 英吋彩瓷；而，正間脊堵卻是上下各置有腰帶彩瓷兩排，平行排列於屋脊之上，又在兩排的中央位置，再置有 6×6 英吋彩瓷一排，並在其下又置有腰帶彩瓷一排，共計有四排彩瓷，其上下兩排腰帶彩瓷更橫互整個正間脊堵。

四、鶯歌彩繪瓷版綜論

整體而言，鶯歌游家在正間脊堵上貼了四排的彩瓷，是其他地區所少見，又在左右護龍也貼上了大量彩瓷，亦為少見。其具備了以下三種特色：

（一）特殊性

鶯歌游家彩瓷的紋飾一律以花果為主，在色彩上具有一致性，且位置均在屋脊而無他處，並且具有少見的伊斯蘭教文字彩瓷，由此可見，日本所仿製英國的馬約利卡彩瓷，其必定與中東有著相當的淵源。

（二）複雜性

除了中東地區回教文化的伊斯蘭文字的彩瓷之外，尚有蘊涵中國文化意義的菊花及月季，又有象徵西方文化背景的藍色高腳杯，及精緻的花籃。文化語言豐富多元，而紋樣風貌亦實為繁複。

（三）裝飾性

花朵是植物最菁華之處，是植物最繁茂、瑰麗的地方，藉由花卉彩瓷以象徵繁榮、昌盛，並有祈求興旺的寓意。此外，水果類的果實爲繁衍植物生命的種子，是植物生命的延續所在，藉由果實纍纍的彩瓷，象徵祈求子孫綿延，萬代不絕的寓意。而不論是花卉和果實均具有充分的裝飾效果。

鶯歌游家祖厝完整的保留了當年的珍貴彩瓷至今天，總量及花色之多（紋樣共達七十三種）可名列北台灣之前茅，並且所有的彩瓷幾乎全都保持完整的樣貌，也許有的因年代久遠而有些髒污和裂痕，可是在全島彩瓷因竊盜或毀損而日益減少的今日，鶯歌游家彩瓷能夠得以完好保存，及存留在其原本的位置，並沒有遭到盜竊或變賣，或者轉移到其他的裝飾用途之上，實屬非常難得，故，鶯歌游家祖厝的彩繪瓷版直可說是鶯歌的代表。

伍、桃園市 （餘慶居，桃園市福林路66號）

在清朝時，此地就有漢人入墾，當時在此地遍植桃樹，所以就稱此地爲「桃園」。而桃園爲大漢溪流域之腹地，境內商業經濟發達，且人口眾多，但亦由於工商業的快速發展，使得古舊房屋拆遷迅速，今日已難得見到，且多被新穎的高樓所取代，所幸在筆者的田野調查中發現，在今桃園市虎頭山下不遠處，仍舊保持有少數未拆遷更新之聚落，且在此具落中發現桃園市福林路66號的餘慶居的脊堵上擁有許多的彩繪瓷版，以下爲筆者就此處所發現之彩繪瓷版而做的分析與探討。

肆-四-（五）-1　桃園市福林路66號的餘慶居正間全景

一、建築物背景及概況

　　桃園市福林路 66 號的餘慶居爲單一院落二護龍的三合院建築，其附近新的建築物林立，而其左右及背後卻仍舊爲舊式的古厝，但是在筆者實際田調中，已經聽聞此地附近已打算拆遷作爲他用。所以此座建築物的保留能否長久，依然爲未知之數。

　　據現年（2004）七十二歲的屋主陳佳成先生告知筆者，本棟建築物興建於大正十五年，亦即爲昭和一年，創建者爲陳豢頂先生，而陳豢頂先生爲從事建築相關行業的人員，主要以製作磚瓦爲主，故本棟建築物爲其親自所營建者。

二、彩繪瓷版之裝飾特色

　　位於桃園市福林路 66 號的餘慶居，與鶯歌的游家祖厝相同，都是將彩瓷貼覆於脊堵上，並且除了民居建築的正面之外，且在背面的脊堵之上亦有豐富的彩瓷。

　　較不同的是，餘慶居雖有左右護龍，卻在左右護龍上不見有彩繪瓷版的貼覆，僅在正間脊堵上可以見到平行排列的三排彩繪瓷版。餘慶居的彩繪瓷版之尺寸共有 6×6 英吋（15.2cm×15.2cm）與 3×6 英吋（7.6cm×15.2cm）兩種，花色與紋樣也多爲花卉與水果，並且在彩繪瓷版的圖案選擇上有多片與鶯歌游家祖厝的彩瓷圖案是相同的。

　　若就其分類而言，則可以分成正面與背面，餘慶居正間脊堵正面的 6×6 英吋（15.2cm×15.2cm）彩繪瓷版均爲花卉與水果者，若是 3×6 英吋（7.6cm×15.2cm）的彩繪瓷版則以幾何或是海浪紋爲主。正間脊堵的背面則僅有一牌彩繪瓷版，其紋樣與正面並不完全相同，但亦已花卉爲主，而無水果之紋樣。

肆-四-(五)-2　餘慶居正間脊堵正面三排彩繪瓷版之特寫

肆-四-(五)-3　餘慶居正間脊堵背面單排彩繪瓷版

（一）正間脊堵

1. 3×6 英吋（7.6cm×15.2cm）之彩繪瓷版

在餘慶居正間脊堵的正面，其所貼覆的 3×6 英吋（7.6cm×15.2cm）之彩繪瓷版共有十種，又可以分成幾何紋樣、海浪紋樣，以及花卉紋樣，以色彩來說，其所貼覆的彩繪瓷版多爲綠色、白色，其次爲紅色。

（1）幾何紋樣 3×6 英吋（7.6cm×15.2cm）之彩繪瓷版

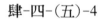

肆-四-(五)-4

餘慶居正間脊堵正面幾何紋樣之彩繪瓷版之一

本片彩繪瓷版以白色爲底色，以綠色爲框線，畫面中有二個寬框的十字紋。

肆-四-(五)-5

餘慶居正間脊堵正面幾何紋樣之彩繪瓷版之二

　　本片彩繪瓷版也是以白色為底色，以綠色為上下之框線，畫面中有三組綠色環環相扣類似雲紋的紋樣，且具有二方連續之特色。

肆-四-(五)-6

餘慶居正間脊堵正面幾何紋樣之彩繪瓷版之三

　　本片彩繪瓷版還是以白色為底色，以細的綠色線條為上下之框線，畫面中有二組綠色環環相扣類似回字文的紋樣，但是其紋樣重複較多，且線條較細，並具有二方連續之特色。

肆-四-(五)-7

餘慶居正間脊堵正面幾何紋樣之彩繪瓷版之四

　　本片彩繪瓷版仍舊以白色為底色，以綠色線條為上下之框線，畫面中有五組深淺相間的綠色環環相扣的紋樣，並形成二方連續之特色。

肆-四-(五)-8

餘慶居正間脊堵正面幾何紋樣之彩繪瓷版之五

　　本片彩繪瓷版以白色為底色，以綠色線條為其上方之框線，畫面中有四組綠色與紅色搭配之水滴的紋樣。

肆-四-(五)-9

餘慶居正間脊堵正面幾何紋樣之彩繪瓷版之六

本片彩繪瓷版所特殊之處，在於其構圖的方式極似花卉彩繪瓷版，而其內容卻是幾何紋樣的形式，上下以綠色為主，其中以上下對稱的彩虹形狀的黃色拱形橫跨，居中有一菱形，左右二側亦有半個菱形，形成二方連續的形式。

（2）海浪紋樣 3×6 英吋（7.6cm×15.2cm）之彩繪瓷版

肆-四-(五)-10　餘慶居正間脊堵正面海浪紋樣之彩繪瓷版

本片彩繪瓷版為海浪形狀之紋樣彩繪瓷版，在北台灣淡水河流域為少見之紋樣。

（3）花卉紋樣 3×6 英吋（7.6cm×15.2cm）之彩繪瓷版

肆-四-(五)-11　　　　肆-四-(五)-12　　　　肆-四-(五)-13

餘慶居正間脊堵正面花卉紋樣之彩繪瓷版之一、二、三

本三片花卉彩繪瓷版在前文中均已出現，均可在鶯歌游家見到，而圖肆-四-(五)-12 亦可在深坑德星行、大溪榮泰行見到，亦即在桃園縣境內的三處擁有采繪瓷版的建築物中，圖肆-四-(五)-12 是出現比例相當高者。

2.餘慶居正面的 6×6 英吋（15.2cm×15.2cm）彩繪瓷版

餘慶居正面的 6×6 英吋（15.2cm×15.2cm）彩繪瓷版共有十種，然而其紋樣有八種均在鶯歌游家的脊堵上出現過，其中有七種甚至文樣顏色完全相同，現就其不同之二種來作說明，重複者僅以羅列之。

（1）與鶯歌游家相同者

肆-四-(五)-14　　　　肆-四-(五)-15　　　　肆-四-(五)-16

餘慶居正間脊堵正面 6×6 英吋（15.2cm×15.2cm）花卉紋樣彩繪瓷版之一、二、三

肆-四-(五)-17　　　　肆-四-(五)-18　　　　肆-四-(五)-19

餘慶居正間脊堵正面 6×6 英吋（15.2cm×15.2cm）花卉紋樣彩繪瓷版之四、五、六

肆-四-(五)-20　　　　　　　肆-四-(五)-21

餘慶居正間脊堵正面 6×6 英吋（15.2cm×15.2cm）水果紋樣彩繪瓷版之一、二

（2）餘慶居獨有者

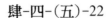

肆-四-(五)-22

餘慶居正間脊堵正面 6×6 英吋（15.2cm×15.2cm）花卉紋樣彩繪瓷版之七

　　本片彩繪瓷版以綠色為地，畫面上以紅色、深綠色為主要的色彩表現，畫面的中央為一朵紅色重瓣的花卉，而其四周則繪有立體的四朵含苞的蓓蕾向四個角落伸去，蓓蕾旁各還有一片綠色的葉片，畫面清新而不複雜，色澤合諧而予人沉靜之感。

肆-四-(五)-23

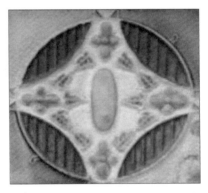

餘慶居正間脊堵正面 6×6 英吋（15.2cm×15.2cm）花卉紋樣彩繪瓷版之八

　　本片彩繪瓷版的畫面以紅色、綠色為主要的覺印象，畫面的中央是一紅色的橢圓形，其四周則有點點粉紅的花絮，並形成十字星芒的紋樣，在此十字之後是紅色的立體直柱所形成的一圓形，此圓形的外圍則是以綠色、天藍色做為其外框。

3. 餘慶居背面的 6×6 英吋（15.2cm×15.2cm）彩繪瓷版

餘慶居背面的 6×6 英吋（15.2cm×15.2cm）彩繪瓷版亦以花卉紋樣的彩繪瓷版為主，如在淡水河流域之其他地區也出現過者有：

肆-四-(五)-24　　　　肆-四-(五)-25　　　　肆-四-(五)-26

餘慶居正間脊堵 6×6 英吋（15.2cm×15.2cm）彩繪瓷版

此外，也有在淡水河流域之其他地區並未曾見到過的彩繪瓷版，則如下：

肆-四-(五)-27

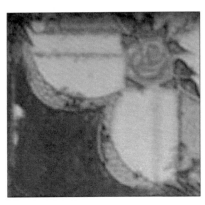

餘慶居正間脊堵 6×6 英吋（15.2cm×15.2cm）彩繪瓷版

本片彩繪瓷版以花卉植物與幾何紋樣的結合，作為本片彩繪瓷版的主題，在右上角處繪有一月季花卉，左下角處繪有一紅色星芒紋樣的四分之一部分，使得本片彩繪瓷版具有四方連續的特色。雖然本片彩繪瓷版在北台灣淡水河流域之其他地區較少出現，但是筆者在金門地區的調查中，卻是常出現的紋樣。

肆-四-(五)-28

餘慶居正間脊堵 6×6 英吋（15.2cm×15.2cm）彩繪瓷版

　　本片彩繪瓷版也是以花卉植物與幾何紋樣的結合，作為本片彩繪瓷版的主題，先在右上角繪有一四分之一的六瓣花卉紋樣，其外圍為一四分之一的綠色圓形，其上並且添繪紅色之橢圓形，而在此綠色圓形之外，亦有一藍色的四分之一星芒之紋樣，此紋樣之外，及在畫面的左下角，繪有一天藍色的植物紋樣，使得本片彩繪瓷版也具有四方連續的特色。

陸、龜山（曹宅，桃園縣龜山鄉萬壽路 1037 號）

　　龜山之地名的由來是取自於以前境內的平埔族龜崙社之社名，後來將「崙」改為「山」，便成為今日所謂的「龜山」。龜山鄉境內因為近年來發展快速，許多老舊的房屋多已拆除，碩果僅存的古早房屋中，竟然意外的在萬壽路 1037 號發現其貼覆有彩繪瓷版的遺留。

一、建築物概況

　　根據筆者與曹家目前的耆老的訪談資料，位於桃園縣龜山鄉萬壽路 1037 號曹家古厝約建立於大正至昭和年間，曹家當時為龜山的大地主，擁有大片的土地，為當地的望族。

　　曹家古厝為一幢三層樓三開間的洋樓式建築，建築立面由米白色之瓷磚和洗石子做為秀面，再加以繁複的巴洛克式泥塑裝飾，正間二樓做出陽台，並且以兩座愛奧尼克式的希臘柱頭居於其中央兩側，二樓的三段水車堵上，在二樓的水車堵上之左右兩側，貼覆了各自四片的 6×6 英吋（15.2cm×15.2cm）彩繪瓷版，並且用圓形繩狀的泥塑將之環繞團圍。

肆-四-(六)-1　龜山曹家祖厝（大正昭和年間）

肆-四-(六)-2　龜山曹家祖厝之泥塑與彩瓷近照

二、彩繪瓷版之裝飾特色

　　在二樓的水車堵上之左右兩側的型版彩繪瓷磚，各自構成一幅遠山綠樹，且有輕帆悠遊於迴環江面的圖畫，畫面輕鬆而寫意，並且左右相同。此

外，在左右開間的三樓陽台之兩側，也各自有一幅由四片 6×6 英吋（15.2cm ×15.2cm）型版彩繪瓷磚所構成的圖畫，內容為花卉與蝴蝶，巧合的是，曹家古厝的四幅兩兩相同的彩繪瓷版，均為型版彩瓷，並且在內容上竟然與淡水福佑宮的花蝶幅與遠山幅的彩繪瓷版是完全相同者。

肆-四-(六)-3　　　　　　　　肆-四-(六)-4

與淡水福佑宮相同的二幅型版彩繪瓷版之紋樣

柒、湖　口

　　湖口舊稱「大湖口」，「湖」是指盆狀的窪地，由於附近一帶有一連串的窪地，而此地正位於這些窪地的出入口，故有此稱，後來簡稱為「湖口」。在湖口的今日的老街上，發現有三處使用彩繪瓷版的建築之遺存。湖口地區共有三棟彩瓷裝飾的紅磚街屋建築，興建的年代均約在大正三年至八年。

一、湖口老街 234、236 號之「義合」與「金利」二幢建築物概況　　與彩繪瓷版之裝飾特色

　　湖口老街 234、236 號的「義和」與「金利」各為單開間二樓式街屋建築，一樓正立面開出大圓拱，二幢毗鄰而居，均在一樓以泥塑彩繪裝飾水車堵的上方，於其兩側貼覆八片 6×6 英吋（15.2cm×15.2cm）彩繪瓷版，而且在彩瓷四周以方型泥塑圍繞。

　　「義和」與「金利」的紋樣並不相同，但是「義和」與「金利」其各自的左右幅彩瓷的紋樣卻是相同的，並且亦均以綠色為主，選用的彩繪瓷版亦均為幾何圖形的紋樣。

肆-四-(七)-1　湖口老街「義和」街屋彩瓷全景（大正三～八年）

肆-四-(七)-2　「義和」街屋所使用之彩繪瓷版特寫

　　本片彩繪瓷版以綠色、黃色、白色為主體的顏色構成，所繪的主題以幾何紋樣為主，唯有在其八角形星芒的中央，以一朵綠色、黃色所圍成之抽象化的花卉作為視覺的中心，由於而此種紋樣之彩繪瓷版已在本研究之前文介紹過，在此則不再多做重複。

肆-四-(七)-3　湖口老街「金利」街屋彩瓷（大正三～八年）

肆-四-(七)-4　「金利」街屋所使用之彩瓷特寫

　　本片彩繪瓷版亦以抽象化的花卉作為畫面的中心，顏色上亦以綠色、黃色為主，搭配以白色及天藍色，並在其四個直角處，繪有綠色的抽象嫩芽，以形成四方連續的紋樣，而此種紋樣之彩繪瓷版亦已在本研究之前文介紹過，容不在此多做贅言。

二、湖口老街 205 號之建築物概況與彩繪瓷版裝飾特色

　　本建築為湖口老街 205 號，其為一幢以洗石子為立面裝飾的二層樓單開間街屋建築，正立面素雅而無過度的藻飾。在其一樓的兩側立柱之上，亦貼覆了左右各九片的 6×6 英吋（15.2cm×15.2cm）彩繪瓷版。立柱左右兩側的紋樣對稱且相同，其彩繪瓷版亦以綠色、藍色與幾何紋樣為主，雖然建築物至今保持良好，但是卻因兩側立柱上燈具的裝設，使得下方的彩繪瓷版有受到些許毀損。

肆-四-(七)-5　湖口老街 205 號全景（大正三～八年）

肆-四-(七)-6　　　　　　　　肆-四-(七)-7

湖口老街 205 號所使用的彩繪瓷版特寫

　　本棟建築物立柱上的彩繪瓷版，唯在其兩排的彩繪瓷磚之最上方者，其紋樣與其他下方八片彩瓷紋樣不同，其所使用的彩繪瓷版之紋樣則總共只有兩種，而此二種彩繪瓷版之紋樣亦已經在淡水河流域其他地區出現過。以今日北台灣地區的彩繪瓷版保存而言，此棟建築物的彩繪瓷版，雖可以說是沒有受到結構上太多的損壞，但是其色澤卻是褪去許多，與同樣紋樣的深坑德星行的彩繪瓷版雖為相同，但是色彩的飽和程度卻明顯不同。

第五節　彩繪瓷版在淡水河流域之分布特色

　　以北台灣淡水河流域沿岸的彩繪瓷版建築物而言，在筆者實際的田野調查觀察之後，可以歸納出其在分布上的特色有以下：

一、均在水路、陸路之交通要衝

　　以北部地區的區域觀察而言，北部地區的彩瓷建築在淡水河沿岸一帶呈現散狀分部。在北台灣地區所發現擁有彩瓷的建築大多在淡水河流經之處，或是其支流如大漢溪、新店溪、基隆河之沿岸聚落，總體說來，北部地區絕大部分有使用彩瓷的建築物，均在當時水路、陸路交通繁盛的要衝位置，若是以今日的觀察而言，今日的彩繪瓷版建築之所在地，其也許不再是當年的繁華興盛的榮景，由於泥沙淤積與河川上游興建水庫的關係，當時可以通行船隻的河川，今日已不再能如同往日位居貨物集散要地的地位，但是其在當時的水陸路要衝的地理位置確實曾為其帶來了彩繪瓷版的風行。

　　若是與南部地區作為比較，在蔡日祥先生的論文中，他所歸納出以雲林、嘉義、台南地區的彩繪瓷版建築物的分布而言，呈現「市街中心稀，郊區聚落多的分布」〔註31〕，但是本研究卻發現，以北部淡水河流域地區而言，卻是與其所持的分析相反，反而是以過去的水陸交通轉運中心，即當時的市街中心為多，而今日看起來確實彷彿也是呈現「市街中心稀，郊區聚落多的分布」狀況，那是因為這些當時的市街中心，隨著如上文所述之地理條件的變遷，或是人為政策上的轉變，在今日並不一定均能如同往日的繁榮光景所致，但是吾人相信，會出現彩繪瓷版的建築物應當還是以水陸交通要道通衢的市街中心為出現彩繪瓷版的最多地區才是。

　　何況，以淡水河流域沿岸聚落所有出現彩繪瓷版的建築物來做比較及觀察，淡水河下游所保留的彩繪瓷版建築物少，如淡水河下游之淡水地區今僅可見其保留下寥寥數戶，且許多原本在文獻上可見的彩繪瓷版建築，待今日筆者親自往赴調查時，卻已經遭到拆除；而反觀淡水河上游之大漢溪沿岸地區，依前文所述則至少可見到七戶，故，今日能夠保留下來的彩繪瓷版建築均多位於淡水河的上游，即大漢溪的沿岸聚落，此可以推知，當時是整條淡水河流域沿岸均可以見到彩繪瓷版的流行之風，即便是其上游沿岸地區亦不例外，而非獨中、下游地區而已，凡是淡水河沿岸所有的交通聚落地區均可以得見此彩繪瓷版使用在建築物上的裝飾風格。

二、均在當時商業經濟高度發展地區

　　以商業經濟的觀察而言，彩瓷建築均在商業經濟高度發展的區域出現，其所出現的地點在過去曾經皆為貨物交換的重要中心，幾乎無一例外，如：大稻埕與萬華在日治時期即為重要的南北貨物交流的重要商業區域；深坑、坪林則是重要的茶葉物資經濟聚落；三鶯地區更是大漢溪上游茶葉、樟腦、木材、煤礦、藍泥等等物資與淡水河下游經濟貨物的交流集散地，均屬於商業經濟的高度發展中心。而日治時期正是台灣與日本物資交流相當頻繁的時期，有日本的物品輸入台灣是可想而知。而在今日我們發現的彩繪瓷磚的背後，亦多可見到「Made in Japan」的字樣，足可說明了當時的貿易往來關係。並且隨著商業經濟的興盛，物資交流集散地正得到較優勢的資源以得

〔註31〕　蔡日祥，《日治時期台灣地區建築上使用彩瓷裝飾之研究——以雲林、嘉義、台南地區傳統民宅為主》，淡江大學建築學系碩士論文，2000年，頁65。

到最新的建築材料資訊，而且得以使用彩瓷作爲當地建築裝飾的主要原因。同理可證，這也就是爲什麼在這些區域的建築，多趨向風格新穎與現代的原因。

三、屋主的背景多爲政經關係良好者

以屋主背景而言，不論是前人的研究，或是根據筆者在淡水河流域擁有彩瓷建築地區的田野調查資料，均發現擁有彩瓷建築的屋主其背景「在當地皆爲有影響力的人士或者是富裕家庭」〔註 32〕，即爲當時、當地的富商巨賈，或是政商關係良好的人物。正因爲有著良好的商業關係，同時也需要向人們展示自己的經濟能力或權勢地位，故以代表當時最新穎、最時尚的馬約利卡彩瓷貼覆於屋宅建築上，以展現屋主的能力與品味，更彰顯屋主的身份不凡。如前文所述，深坑德興行之創建者是經營礦業與茶葉有成後，始將原來的德興居改建爲德興行，才開始貼覆彩繪瓷版於其上；鶯歌游家在日治時期即爲當時的保正，且一直從事售茶的生意，直到今天，游家的後代還在鶯歌具有良好的政經關係，仍然擔任著里長的工作。

此欲藉著彩繪瓷版以展現經濟、地位與權勢的作法，不但台灣的北部、南部相同，則如同本研究之前文第二章所述，其亦與十五、六世紀的歐陸地區的作法是不謀而合者。

四、屋主的行業別與營建業有特殊關聯

另外，根據筆者的田野調查結果發現，以貼覆彩繪瓷版的民居而言，其屋主的行業別，除了政經地位良好的屋主之外，亦有特殊的相似之處，如鶯歌卓家與桃園餘慶居的屋主均在建造祖厝的當時，從事相關的土木建材營造業，這正可說明出當時彩繪瓷版應用於建築上確實曾流行一時，所以從事相關營建工作的人士能夠快速的吸收，且接受時代流行的風尚，並且由於其從事的行業之便，他們可以較一般人更容易取得彩繪瓷版，並進而將之使用於自家的屋宅之上，以展現其對於時尚潮流的品味與掌握。

五、今日能保留者多不在現今地交通要道上

在筆者的田野調查中發現，大漢溪一帶比起淡水河下游一帶的彩繪瓷版

〔註32〕 蔡日祥，《日治時期台灣地區建築上使用彩瓷裝飾之研究——以雲林、嘉義、台南地區傳統民宅爲主》，淡江大學建築學系碩士論文，2000 年，頁 48。

之建築物較能夠將彩繪瓷版保留，其原因即在於今日的大漢溪沿岸地區，多不爲重要的交通要道，特別是沒有鐵路之車站，因爲交通的繁榮會帶來人潮，人潮會使得彩繪瓷版建築物的擁有者加速將其建築物轉作其他用途，此即會使得彩繪瓷版加速消失，故，彩繪瓷版的傳入與當時的交通繁興有關；而今日能夠得以不受破壞，亦與其今日的交通不便相關，此實在令人玩味。

第五章　彩繪瓷版在台灣傳統建築上的裝飾意涵

　　淡水河流域沿岸彩繪瓷版的運用意義必須由其所使用的位置分別而論，探討貼覆在不同位置的彩繪瓷版所象徵的不同文化意義，是本研究所要深究的論題。本研究主要希望探討的是在日人引入彩繪瓷版進入台灣後，其在台灣閩粵傳統建築文化中所造成的影響及衝擊為何？對於傳統建築中的民居建築、廟宇建築、墳丘建築所領導的風尚，所造成的影響究竟是什麼？各色斑斕的彩繪瓷版所代表的裝飾意涵又究竟為何？以上均將是本章的探究重點。

第一節　淡水河流域沿岸的建築彩繪瓷版運用位置之象徵意義

　　根據筆者的田野調查，在淡水河流域沿岸的建築彩繪瓷版，其運用之位置可以分成民居、廟宇、街屋，以及墳丘四類，而若是根據其位置的不同，其所象徵的意義則又可以分成為：財富與地位的彰顯，以及向上蒼祈求福祉與昌盛等二部份，以下將就此二點分別說明之：

一、展現社會經濟實力之位置

（一）民居上展現社會經濟實力之彩繪瓷版貼覆位置

　　在北台灣的淡水河流域的彩繪瓷版之建築，如欲展現擁有者的社會經濟實力，則會將其置於正立面身堵、凹壽額堵、正間額堵，或是正廳裙堵壁面以及門樓之上，亦有置於民居內部作為傢俬的裝飾之用者。

　　日治時期引進的彩繪瓷版多位於民居之上。以日治時期的台灣而言，彩繪瓷版並不是一般人可以消費得起的裝飾媒材，而屬高消費的進口貨品。若非政商關係良好，或有相關的工作背景，以北台灣淡水河流域一帶的聚落而言，並不是容易取得並進而得以使用的物品，有著明顯的宣示富有，展現社會實力與經濟能力的意義。所以，彩繪瓷版在北台灣的民居上所貼覆的位置，無論是正間的身堵，凹壽的額堵，還是左右護龍的脊堵，我們發現其均置於一般人視線所及，最明顯醒目的位置。

　　置於民居正立面身堵者如鶯歌卓家。正如前文所述，彩繪瓷版在日治時期，雖然盛行，卻不是一般人可以消費得起的產品，以鶯歌卓家祖厝為例，鶯歌卓家祖厝雖然只用了八片彩繪瓷版，但是卻放在任何人都舉目可見的正門兩側之位置，其意欲標榜富有的意味濃厚。因為卓家當時確實是鶯歌地區的知名望族，經濟能力良好之外，最重要的是，卓家也從事相關的泥水業的營建工作，其卓家祖厝即是卓家人自己所營建者，也正因為有著相關的工作背景，取得建築材料有其特殊管道，且對於時下的建築裝飾時尚，亦能夠有所感知，並進而延用。於是，在營建自己的宅第時，也貼覆了當時代表新的時尚潮流的彩繪瓷版。

　　置於民居凹壽額堵與正廳裙堵牆面者，如深坑永安居。深坑永安居的黃氏家族，在其繁麗的裝飾與建築雕琢之外，還將彩繪瓷版貼覆在醒目的凹壽額堵，以及賓客往來必定會見到的正廳裙堵，其正是希望能夠將自己的經濟能力與財富，展現與他人知悉。

　　置於門樓者則如新莊的戲館巷民居。此民居在今日也許可視為民居建築，但是在清季曲藝盛行的時代裡，此巷內所居住者多為當時有名的戲曲師父，人來人往，駢肩雜沓，將彩繪瓷版置於門樓之上，其目的當然是為了吸引人們的目光，將自己的特殊品味與時尚的趨勢，顯現畢露。

　　在筆者的田野調查中，在淡水河流域沿岸民居的傢俬上使用彩繪瓷版的例子，可以在三峽的收藏家兼藝品販售者呂炎昇先生處，發現有一貼覆彩繪瓷版的桌子，此類在傢俬上使用彩繪瓷版的意圖，若是與貼覆在正廳裙堵上的彩瓷作為比較，則亦可理解其為相同的作用，由於傢俬亦正是向賓客炫耀的最佳舞台，故，貼覆彩繪瓷版也可以達到彰顯富裕的目的。

（二）街屋上展現社會經濟實力之彩繪瓷版貼覆位置

　　若是以街屋的建築而言，淡水河流域的彩繪瓷版多貼覆在正立面的山

牆、女兒牆，以及秀面之立柱與水車堵。以上這些位置，其所代表的意義，必定與街屋立面所要表徵的展現財富實力之意圖相關，此外，這些街屋多半都有生意經營的成分，既然有做生意的目的，則希望吸引來往行人與顧客的眼光，若是能夠吸引人們的目光，則能夠做到生意的機率自然大增，於是，將美麗動人，且又色澤鮮豔的彩繪瓷版貼覆在街屋立面之上，不但能夠吸引眾人的目光，亦同時能夠向世人展現自己在商業經營上的成功。

　　若是論及北台灣淡水河流域的彩繪瓷版街屋建築，則當然要以深坑的德興行為代表。深坑德興行的屋主在開礦與茶業的事業大為成功之後，創建了德興行街屋建築，以其多樣花俏的彩繪瓷版，裝飾其街屋之正立面，甚至是其原本的第二進天井處。在其正立面的山牆、商號，以及額堵、裙堵等等，貼覆了極具次第，又極其協調的彩繪瓷版以作為其正立面的建築裝飾。

　　所以，貼覆在街屋的彩繪瓷版，其所欲表達者即是街屋主人向人誇耀其財富之意義，也同時具有吸引人們目光的效果。

二、展現祈求福祉企願之位置

（一）民居上展現祈求福祉之彩繪瓷版貼覆位置

　　民居脊堵上貼覆彩繪瓷版，除了是經濟能力的展現之外，還有向上蒼祈求福祉之意，因為脊堵一直是人們向上天祝禱，祈求心願的位置，所以在脊堵所貼覆的彩繪瓷版其紋樣內容亦與其他位置不盡相同，本觀點可見之於本章第二節。

　　脊堵是千年來人們寄託希望，祈求心願於上蒼的位置。漢代人相信鳥雀是祈求長壽、長生的吉祥圖案〔註1〕，於是便將禽鳥的形態設於屋脊之上，上海博物館有收藏漢代新莽時期的瓦當，瓦當上面即雕塑的是朱雀的形貌。河南省博物館有收藏張灣 3 號墓出土的明器——「綠釉三層陶望樓」，樓高三層，屋頂上即置有朱雀一隻〔註2〕。後來的人用剪黏等施作造型以表達心願的祈求。

　　而鶯歌游家與桃園之餘慶居，即是將彩繪瓷版貼覆於脊堵之上，除了使眾人可以明顯的看見之外，更重要的，是將彩繪瓷版用以取代屋脊上原本的

〔註1〕俞美霞，《東漢畫像石與道教發展》，台北市：南天書局，2000 年 5 月，頁 159。

〔註2〕吳慶洲，《中國建築·脊飾》，中國建築週刊 21，台北縣：錦繡出版，2003 年 8 月，頁 6、7。

剪黏,並以其直陳向上天的企望。

以鶯歌游家祖厝爲例,鶯歌游家祖厝用了比鶯歌卓家祖厝更多的彩繪瓷版,更繁複的花色,這和當時鶯歌游家的游貴倉先生身居日治時代的保正,而後又晉身參議員之背景地位,有著極大的關係,再加上鶯歌游家的茶葉生意也一直和日本有貿易上之往來,鼎盛時期還在大稻埕設有台北的辦事處。所以鶯歌游家與日本的關係應該不能說不密切。若是鶯歌游家當年有了爲數不少的彩繪瓷版,大可以放在身堵之上,或是和其他如金門一帶的作法,將之置於正立面的身堵或是裙堵之上,可是鶯歌游家卻是選擇放在脊堵之上,這當然與高高升起的脊堵,所代表向天際祈求企望的心意是不謀而合者。

(二)廟宇建築展現祈求福祉企願之彩繪瓷版貼覆位置

在北台灣的淡水河流域沿岸之廟宇建築上,筆者所發現的彩繪瓷版僅有淡水的福佑宮,而福佑宮的彩繪瓷版是貼覆在其供桌之上,供桌是人們與神明溝通意念的場域,供桌的裝飾代表著祈求者的誠摯心意,且福佑宮的主神爲女性神祇——媽祖,故,在其正殿的左右兩側供桌上,貼覆的紋樣即爲象徵冰清高潔的寒梅,與華麗美好的朱槿與蝴蝶。此外,由於淡水的福佑宮當年位於滬尾的渡口,鄉民們興建此廟宇的目的正是希望航渡者的守護神——媽祖,能夠庇祐來往海上的鄉民出入平安,於是,在此供桌之上,還有一幅繪有遠山與一艘順利的小船的彩繪瓷版之紋樣,其在供桌上所欲表露的祈求心意,正可以透過此供桌上的彩繪瓷版之紋樣以說明之。

(三)墳丘建築展現祈求福祉企願之彩繪瓷版貼覆位置

根據游家的耆老游昌欽先生告訴筆者,鶯歌游家不但在家宅的脊堵上貼有彩繪瓷版,還在祖墳上也貼有彩繪瓷版,但是隨著道路的鋪設,第三公墓的修建,鶯歌游家在民國70年代將祖厝移到今天的第三公墓附近的位置,昔日祖墳上的彩繪瓷版,並沒有受到保存。所以,按照鶯歌游家耆老游昌欽先生記憶無誤的話〔註3〕,過去的鶯歌的確有將日治時期的彩繪瓷版應用在墳丘建築的紀錄,只是今日沒有照片可以存證,甚爲可惜。

而內湖的林秀俊墓位於文德段四小段598-1號(民權大橋北側,台北市公車處保養場左前方,即舊宗路二段103號南側)。屬內政部所頒布之第三級古

〔註3〕 游昌欽先生堅信其祖墳有貼彩繪瓷版,待筆者隨老先生赴鶯歌游家祖墳查看時,老先生才想起已經邊墳,但是過去確實在祖墳上有貼彩繪瓷版。

蹟；建造年代爲清乾隆三十九年（甲午年，公元 1774 年）。其墓肩與墓手上貼覆有許多花卉紋樣的彩繪瓷版。

受到中國傳統風水學的影響，自古以來，人們相信良好的祖墳可以帶給子孫庇蔭及隆昌。內湖的林秀俊墓園，在墓肩與墓手上貼覆花卉紋樣的彩繪瓷版，則隱含著祈求子孫世世代代昌勝發達的寓意。

綜上所述，日治時期的建築彩繪瓷版，其在淡水河流域沿岸聚落的建築所使用的位置，有二個共同之處：其一爲貼覆在人們所欲彰顯地位與財富的位置；其二則是人們表達敬意，寄託期望的地方。

民居的脊堵如前文所言，自古以來是人們向神明寄託希望祈禱的位置。廟宇所使用的彩繪瓷版，亦爲向神明祈求福祉，庇祐蒼生，或是向神明表達敬獻之意的作用。在墳丘上所使用的彩繪瓷版，也同樣有著祈求子孫後代昌盛、福壽的寓意。街屋的立柱與山牆，彩繪瓷版的使用更是將彰顯財富與誇耀地位的意義發揮至極致，無論是深坑的「德興行」，還是金山金包里 26 的博愛中藥鋪，都有著向人們展露自己品味與顯赫的作用；而民居的身堵、額堵、正間壁面與門樓，亦均爲人們所希望表現自己雄厚財富以誇耀於世人的位置。

由此我們可以得知，彩繪瓷版在建築上的使用，不論是在民居，在廟宇，在街屋，亦或在墳丘，均與追求生命的延續，彰顯富有，祈求福祉以獲得庇祐相關。彩繪瓷版在脊堵、廟宇的作用是爲了向天祝禱心願；在身堵、額堵、正間壁面、門樓與街屋則是爲了向眾人展示自己的財經地位及品味；在墳墓上彩繪瓷版的作用是爲了向祖先祈求興旺。彩繪瓷版在不同的位置，其所要傳遞的訊息，可以是向上天求福澤；可以是向神明求護佑；可以是向世人展顯富貴；更可以是向祖先祈求世代昌盛，子孫賢達孝悌。總體而言，均蘊含了人民在追求生命的永遠昌盛、延續的企盼。

第二節 彩繪瓷版在建築上運用的象徵意義

彩繪瓷版在尺寸與紋飾，以及美學上的意義是值得我們深入探究的議題，日本的製造工廠爲了要傾銷至中國，也特別爲了中國人的喜好而設計其所喜愛的圖樣〔註4〕。所以這些我們今日所見到的彩繪瓷版的圖樣，共可以分

〔註4〕 繆弘琪主編，《流光凝煉方寸間》，台北縣立鶯歌陶瓷博物館出版，2003 年 1

成三種來源，其一為原本模仿自英國的圖案，其二為模仿中東伊斯蘭文化的文字圖樣，其三則是為了中國人喜好而設計的紋樣。這些代表著特別意識與情感的紋樣，經施作者或業主使用在傳統建築上之後，有著何種的美學象徵，或是代表了何種的意涵，將為本章的主要論題。

一、風格形制之歸納

以淡水河流域的彩繪瓷版而言，其所使用的尺寸是以 6×6 英吋（15.2cm×15.2cm）為主，而以 3×6 英吋（7.6cm×15.2cm）為輔，且亦有少數不規則形狀的彩繪瓷版。若是談到 6×6 英吋（15.2cm×15.2cm）彩繪瓷版與 3×6 英吋（7.6cm×15.2cm）的彩繪瓷版所使用的顏色，則不論是浮雕彩繪瓷版、型版彩繪瓷版、或是 Tube-Lining 的彩繪瓷版作品，其整體而言，以綠色的使用頻率最多，其次為紅色，藍色。

不同的紋樣的彩繪瓷版會貼覆於不同的位置，此即代表了不同的象徵及意義。若是以位置而分：

（一）脊堵上多以花卉、水果為主

如淡水石頭厝、三芝源興居、鶯歌游家之脊堵與桃園餘慶居之脊堵上，所出現的紋飾均是以花卉、花籃以及水果的圖樣為主。

如前文所言，脊堵是人向天表達崇敬的位置，禮天、敬天當然會以水果與花卉來作為獻祭的供禮，鮮花素果是心意的虔誠表現，而豐富的花卉果肴亦是生命不息的象徵；此外，花卉是植物的菁華，在脊堵上以其菁華來象徵對於富貴發達的祈求；而果肴是傳遞生命的種子，唯有以果實的種子才能使家族生命得以繁衍，得以開枝散葉。由以上種種可以得知，人們自然要將水果與花卉紋樣之彩瓷，來象徵脊堵上敬天的供禮。

（二）脊堵上亦有幾何與象徵自然的水雲紋樣

鶯歌游家之脊堵與桃園餘慶居之脊堵上，雖有幾何紋樣但是卻少。幾何是花卉的簡化，以幾何的花卉作為裝飾脊堵的紋樣，且其脊堵上的幾何紋樣多以八角形、十字形星芒為主，星芒即為太陽的象徵，遠在河姆渡文化中即可見到此象徵太陽的紋樣〔註5〕。

月，頁110。

〔註5〕王寧遠，〈河姆渡殘陶畫的釋讀——兼論河姆渡文化的原始崇拜〉，《南方文物》，1997 年第一期，頁 70～75。

　　另外，在桃園餘慶居之脊堵上，出現有類似雲紋與回字紋的自然象徵的紋樣，且亦有海浪紋樣的彩繪瓷版。此與上述相同，皆是在脊堵上表露出對於自然的崇拜。

（三）墳丘上多以花卉、柿葉紋為主

　　若是以墳丘建築而言，如在內湖林秀俊墓園中的彩繪瓷版紋樣，則以花卉與柿葉紋為最多。

　　墳丘上以花卉紋樣為主，則是因為其與祭祀的道理相同，人們以鮮花崇敬祖先，希望以花卉來表示對祖先的敬意，並以象徵生殖的柿葉紋作為墳丘的裝飾，自然是希望其能夠帶來家族之興旺，人丁的興盛，使得家族能夠欣欣向榮，生生不息。而不論是花卉或是柿葉紋樣，均是以祈求昌盛的目的作為墳丘的彩瓷裝飾內涵。

（四）街屋上多以花卉紋樣為主

　　以淡水河沿岸流域的街屋而言，以花卉紋樣做為裝飾的有深坑德星行、坪林老街 85 號及萬華的金義合行。

　　以街屋建築而言，在街屋的正立面以花卉紋樣為最多。花卉在生意上有招攬人們眼光的效用，美麗的花卉彩繪瓷版不但可以是街道上的一景，亦可以是街屋建築的裝飾，而街屋上以花卉彩瓷作為裝飾之用途之外，另有希望花卉的諧音帶來「發」的寓意，而亦以其花枝招展的生命力量象徵不息的人潮與興旺的生意。

（六）廟宇建築上以花卉、自然紋樣為主

　　另外，以淡水河流域的廟宇建築——福佑宮而言，其所出現的彩繪瓷版則是繪有花卉與自然紋樣的彩繪瓷版。此與脊堵、墳丘的花卉和自然紋樣的彩繪瓷版意義相同，不但表示對於神祇的禮敬，也代表對於大自然的崇拜，而在淡水的福佑宮的供桌上貼覆有航行平靜無波的水域中的悠遊帆影，正是希望能夠為參拜者帶來平安，為出航者帶來一帆風順，此與其所貼覆的廟宇所在的港埠位置有極大的關聯。

　　以上在不同的位置均有其特定的運用紋樣及其形制，值得就其紋樣之內容，做深入之探討與分析。

二、彩繪瓷版之紋樣象徵意義

　　彩繪瓷版除了在其貼覆的位置有其所承載的東方傳統建築的空間意涵之

外，在其紋樣的擇取與安排上亦同樣符合了傳統東方美學的思想。

　　誠如第二章所言，最初爲了模仿中國的陶瓷，這些來自中東地區，經過歐陸，輾轉來到亞洲，具有海洋文化身世的彩繪瓷版，其紋樣原本就因爲其流布的遞變而擁有豐富的血統，加上台灣大部分的彩繪瓷版是來自日本，而日本爲了將彩繪瓷版傾銷給台灣，除了其原本即有的紋樣之外，還另外爲了台人的喜好而有刻意配合消費者需求的紋樣設計，此正是爲何在鶯歌游家的脊堵之上，今日我們可以看見有代表中東地區文化的伊斯蘭文字彩繪瓷版，亦可以見到代表台人需求喜好的花卉、水果彩瓷紋樣〔註6〕。而此類特意爲台人設計的水果、花卉紋樣的彩繪瓷版，其必定在傳統文化中具有特殊的象徵意涵，才會得到施作者與建築物擁有者的青睞，將之貼覆在建築物之上，以下將分別就其紋樣的內涵，一一分析之。

（一）花卉

1. 敬天禮神

　　鶯歌游家、桃園餘慶居，其脊堵上的彩繪瓷版，其中並多以花籃爲主題。花朵原即做敬天禮神之用，而鶯歌游家以及桃園餘慶居對上天的禮敬也正用這樣的形式傳遞給了諦聽的神祇。

2. 長壽

　　菊科花卉在淡水河流域的彩繪瓷版使用中亦爲常見的主題之一。時而單獨存在，時而與其他的幾何紋樣搭配出現，而菊花代表長壽的意義，亦是傳統認爲多食用可以延年益壽的植物。

3. 長春

　　長春花卉的使用在淡水河流域的建築物上相當頻繁，如鶯歌游家左護龍上有月季花，月季象徵長春。一般均以爲此月季花爲西洋的玫瑰花，其實中國的月季已有千年以上的歷史了，遠溯至宋朝的蘇軾便有歌誦月季長開不凋的詩作〔註7〕，而人們祈求家業發達的心意亦藉由長春花紋樣的彩瓷表露無遺。

〔註6〕　如鶯歌游家左護龍脊堵之上可以見到貼覆有鳳梨、香蕉等等的水果紋樣之彩繪瓷版，而此類水果均爲亞熱帶的台灣最常見到的水果，且絕非日本或其他歐陸地區國家如英國、荷蘭等等可以常見的。

〔註7〕　月季花又名長春花，蘇軾的〈月季〉詩裡就寫過：「牡丹最貴惟春晚，芍藥雖繁只夏初。唯有此花開不厭，一年長占四時春。」

4.君子、宗教

而另外還有蓮花，蓮花又名水芙蓉，也就是佛教中的寶相花，有著聖潔的涵意，除了宗教的意義之外，蓮花在中國人的心中暗示了君子的情操，香遠益清，亭亭靜植。

5.男丁興旺

藤蔓類的植物在中國傳統思想中多具有子孫繁衍之意，而萱草亦在游家脊堵之上出現，萱草一般在人們心中相信，婦女佩帶或服食萱草而可得男丁〔註8〕，故，在脊堵上貼覆萱草的彩繪瓷版，有著祈求得到男丁的心願。

6.春到人間

報春花亦為淡水河流域沿岸聚落的彩繪瓷版喜好的主題之一，而報春花所貼覆的位置更是所在多有，如街屋、脊堵、以及墳丘建築等等，透過報春花的吉祥寓意，希望得到春天降臨人間的美好。

（二）柿葉紋

在鶯歌游家脊堵、內湖林秀俊墓，以及淡水石頭厝民居之脊堵上的彩繪瓷版的幾何紋樣中，筆者發現了——「柿葉紋」，其象徵的正是生生不息的無窮生命力，對於使用此類彩繪瓷版的屋主或後世子孫的發展有正面的期許意義。

（三）水果

淡水河流域沿岸建築的脊堵上，其彩繪瓷版紋樣中的水果圖案豐富，甚至有立體造型者，而在眾多水果的紋樣中，有著鳳梨、桃子、葡萄、石榴等等。總體而言，其具有以下意義：

1.興旺

鳳梨又叫「旺來」，所以有祈求興旺的寓意。

2.長壽

桃子在古老的傳說中寓涵即為長壽，故有「壽桃」一詞。

3.多子多孫

葡萄、石榴更是多子多孫的意義，鶯歌游家彩繪瓷版上的石榴造型甚至還做出多到快要迸開的樣子，更是一幅祈求子孫萬代綿延不絕的圖樣。

〔註8〕曹植〈宜男花頌〉即提及：「婦女服食萱花求得男」的句子，說明了萱草在股人心中有祈求得男丁的寓意。

第三節　台灣建築彩繪瓷版所蘊含的中國美學思想

　　台灣建築彩繪瓷版在其紋樣上展現出多樣的面貌，蘊涵了多元的文化，然而最重要的是其更體現出不同於西方，而屬於中國傳統的美學思維，若以其形式與內容深入分析，則可以以下三個方面作爲探討：

一、以符號象徵而言

　　符號象徵本爲民俗學中重要的文化密碼，無論是文字、紋飾與圖案等等，均爲民俗學中舉足輕重的文化內涵。彩繪瓷版上的紋樣若以符號象徵分析而言，均以中國傳統思想中寓意祥瑞的紋飾爲主，且以花果紋樣與雲水紋樣爲最主要的兩大範疇。

　　首先，花卉爲花朵最菁華之處，而果實又爲植物生命繁衍之種子所在，既是食用亦爲實用的部分。上溯自隋唐宋元時期的繪畫作品中，即可見到及受到世人喜愛的程度，並且進而將之應用在建築物之裝飾上。若以彩繪瓷版上所出現的花卉品類而言，有如《詩經》中的「比」、「興」手法，來作爲祥瑞紋飾的比擬與聯想，以出現頻率至爲頻繁的菊花而言，其在詩文作品中多作爲君子與長壽的象徵，而游家脊堵上所出現的萱草紋樣，則亦爲中國傳統思維中代表生男與男丁興旺的植物。在彩繪瓷版紋樣上所出現的水果與花卉，亦多可見到藤蔓類的植物與果實，在中國傳統符號形象思維中，綿延的藤蔓植物也多作爲子孫綿延昌盛的象徵。

| 伍-三-1　常見的菊花紋樣舉例 | 伍-三-2　藤蔓類彩繪瓷版紋樣舉例 | 伍-三-3　水果類彩繪瓷版紋樣舉例 |

　　此外，雲紋與波浪形水紋亦在桃園餘慶居與深坑德星行的彩繪磁版上均有出現。雲紋與水紋自古以來即爲代表吉祥的符碼，遠溯自新石器時期的陶

器與銅器上，更是多可見其應用的明證。「祥雲聚，瑞雪飄」是傳統東方思想中吉兆的典型，故，以雲紋作爲彩繪瓷版的紋樣設計自不在意料之外，何況先民以農立國，一切生計仰賴天地，唯有祥雲來到，始能普降甘霖，亦始能滋潤萬物，育養芸芸眾生，所以雲彩紋樣的彩繪瓷版所載負者，正是中國傳統思想中人們對於大地收成的期盼。至於水紋，當然更是一切生命源起之徵表，人們傍水而居，且所有重要的文明發祥地亦莫不在水濱澤畔，在彩繪瓷版上刻畫水紋，除了表示對於自然的崇敬與仰賴之外，亦象徵著先民對於生命延續之渴望。

二、以其構圖象徵而言

　　絕大多數的彩繪瓷版構圖飽滿，並且具有裝飾性質的邊框，在其邊框的內外顯示出對稱的秩序之美，而其對稱的方式，有採「十」字形對稱者，亦有採對角線的「X」字形對稱者，展現出層層排比強化其紋樣裝飾的意味，此與中國文化中所強調的倫常綱紀關係不謀而合，「天、地、君、親、師」，以及「君臣、父子、兄弟、夫婦、朋友」，所有的秩序都在一以貫之的中心思想下排列成次第，由尊而卑；由近而遠，表現在建築物的形制上，則以中軸構圖與形制對稱而呈現，例如中國傳統建築中的三合院或是四合院建築，合院建築乃由正中央的公媽廳及兩側對稱且高度漸次遞減的廂房展現出尊卑的次第；又由外埕的第一進至內埕的第二進、第三進等等展現出親疏遠近的關係。在彩繪瓷版中所展現的對稱秩序，以及由邊框以至內部的層遞關係，正呼應了中國傳統思想中的倫理精神與核心價值。

伍-三-4	伍-三-5
十字形對稱彩繪瓷版紋樣舉例	X 字形對稱彩繪瓷版紋樣舉例

三、以其色彩象徵而言

　　彩繪瓷版多以低溫燒製，所呈現出的釉色，多為典雅的色澤與溫潤的色調，以烘襯其表現的主體，若將色彩作類比歸納而論，則多以象徵欣欣向榮的紅、綠，以及代表尊崇高貴的紫、黃為最多。

　　紅、綠即為丹青，是傳統中國美學思想中最具代表的顏色。紅色向來是喜慶吉利的象徵，人事上以紅為喜，以紅為吉，在吉禮中更以紅色為婚帖的顏色，有新生嬰兒時，在民俗中則有分送紅蛋的習俗，紅色是中國美學中大吉的典型。而綠色在中國美學思想中是自然界盎然生機的代表，更是春意勃發的象徵。王安石詩云：「春風又綠江南岸」，彷彿有了綠意就代表了春天的降臨，以綠色作為彩繪瓷版的裝飾，亦為在大自然中無窮不息生命力的表徵。

　　紫與黃在中國自古以來即為尊貴的代表色，「紫氣東來」表示的是紫色的顯達之氣，而「佩紫懷黃」當中所言的「紫」與「黃」，則正是官宦權貴才有的紫色的印綬與金印，此二種顏色所代表的當然為顯貴之意。此外，黃色在封建時代是帝王專用之色，亦實為至高無上的尊榮華貴的美學意涵。

第六章　台灣彩繪瓷版製作的過去與現在

　　彩繪瓷版在日本的模仿與製作是 1907 年的大事，然而，彩繪瓷版在北台灣的鶯歌也開始有人加以模仿製作。在昭和年間，釉下彩的彩繪瓷版傳入漸少，開始興起的是白底的釉上彩繪瓷版，原本白底的瓷版亦由日本輸入，再由台灣的畫家施作於其上，然而隨著後期白底瓷版的輸入減少，台灣也漸漸開始懂得製作白底瓷版，再加上鶯歌原本即有的製陶背景與製陶人才，彩繪瓷版開始在鶯歌被大量製造，並且行銷全台，甚至海外。然而隨著高效率的工業化大量複製瓷磚受到市場青睞，耗時、耗工，無法大量複製的彩繪瓷版卻漸漸不再受到歡迎，彩繪瓷版的未來在哪裡？此將為本章所欲探究的論題。

　　彩繪瓷版並不是源自台灣的裝飾建材，而是由於日本仿製英國的維多利亞瓷磚在日本銷售狀況欠佳後，才在日治時期大舉傾銷來台，並且在北台灣蔚為風氣而流行一時，同時在台灣人的傳統建築裝飾理念與日治時期的時代風格的共同詮釋之下，彩繪瓷版在北台灣創生了新的建築風格，不論是民居、街屋、廟宇與墳丘，北台灣已經將彩繪瓷版融入生活的美學概念之中，彩繪瓷版成為了建築與生活的一部份，然而，自二次大戰爆發之後，彩瓷的製作產量減少了，但是人們對於建築彩瓷的需求並未逐漸消失，並且在日治末期開始有了與日人共同合作而製造的彩瓷，在日治時期的馬約利卡彩瓷風尚遺緒的影響之下，北台灣以製陶聞名的「陶瓷重鎮──鶯歌」，於是有人開始了彩瓷的製作，也因為自清代以來即有了製陶基礎的人才優勢、水陸路發達的

交通優勢，鶯歌的彩瓷作品便成了日治時期彩瓷的繼承者，並且受到廣泛的認同與普及的應用。

以下茲將馬約利卡彩繪瓷版由日治時期的製作技法，經戰爭爆發不再由日本傳入後，鶯歌爲了供應國人對於建築彩瓷的需求，應運而生的彩瓷製作技法。

第一節　日製彩瓷的製作技法

根據《流光凝煉方寸間》〔註1〕一書的記載，日製彩瓷的製作方式有以下六種，茲羅列如下以供參考：

一、乾式成形法

日本最初都是以濕式法製作瓷磚，雖然英國的 Richard Prosser（1800～1854）早在 1840 年即發明了乾式成形法〔註2〕，但日本是在 1907 年左右〔註3〕才模仿跟進。

二、銅版轉寫法

英國的 John Sadler（1720～1789）於 1749 年發明，作法是將圖案蝕刻於銅版上，銅版塗以彩料，再以薄紙通過熱印刷機，轉印圖案於薄紙上，將薄紙取下即成印花紙，再將已塗膠料的瓷磚上摩擦印花紙，圖案即固定在瓷磚上。

三、Tube-Lining

先設計紋樣並蝕刻於駐模上，以鑄模壓印於未乾的坯土上，紋樣境線自然產生，素燒後於紋樣境線內上釉彩。

四、脫模〔註4〕

將紋樣設計成凹凸兩鑄模，以鑄模上下同時壓印於坯土上，印後不論是

〔註1〕繆弘琪主編，《流光凝煉方寸間》，台北縣立鶯歌陶瓷博物館出版，2003 年 1月，頁 100～125。

〔註2〕同上註，頁 123。

〔註3〕同上註，頁 100。

〔註4〕一般均稱之爲「浮雕」技法，然而在筆者請教實際參與彩繪瓷版製作者吳良斌先生後，得知在國內此技法稱之爲「脫模」。

坏土上的任何一處，厚度皆維持一定，因此燒時不易裂開。

五、型　版

紋樣設計的重點在於圖樣版上，各顏色自有一個樣版。將紋樣中同一顏色的部分雕空在同一樣版上，其後，將各樣版分別覆於瓷磚上，每置一塊噴一種顏色，如此分別上色，完整後以手工修飾線條並加重層次感。

六、手　繪

以人工手繪於已燒製好的瓷磚上，待繪好後，再進窯低溫燒製即可。

第二節　北臺灣今日彩繪瓷版之製作技巧

在日製的彩繪瓷版不再傳入之後，而台灣的彩瓷運用於建築上的風氣卻已經形成之際，又加上國內製作技術的提升，種種的因素綜合之下，於是台灣自己的彩繪瓷版之製作，便開始應運而生。

而北台灣的製陶之都是鶯歌，鶯歌製陶的歷史，是從清嘉慶九年〔1805〕，福建泉州府人吳岸（或作鞍）、吳糖兄弟，來到鶯歌大湖兔仔坑利用大湳黑土製陶而開始的〔註5〕。正因為鶯歌有著製陶的背景，加上自民國60年代後興起的建築用陶瓷，鶯歌的白底彩繪瓷版因而產生了在地的需求，更因為有自己在地的彩繪瓷版人才，直到現在，鶯歌都一直有人參與著彩繪瓷版的製作。

鶯歌正是淡水河支流大漢溪的重要聚落，且又為北台灣的「陶瓷之鄉」，在民國60年代至80年代，台灣房地產景氣輝煌，鶯歌也隨之開始發展建築材料，景況空前。

再者，在釉下彩繪瓷版隨二次大戰沒落之後，台灣開始有人將彩畫以筆墨繪於白色的瓷版之上，彩瓷於是進入了另一個世代。

一、代表廠家

鶯歌素以仿古彩繪陶瓷聞名海內外，又加上配合建築材料發展的白色瓷版，於是乎，鶯歌開始參與建築彩瓷的手繪製作。代表的公司廠家有以下

〔註5〕俞美霞，〈磁州・鶯歌・交趾燒──台灣民窯探源〉，《藝術家雜誌》，2002年9月，頁354。

三家。

（一）聯藝公司

在民國 63 年，陳拱墀先生創立了聯藝公司，開始接受白色瓷版彩繪的訂單，開始製作網版印刷的白底彩瓷，後來也有轉寫的瓷版。據陳先生記憶，瓷版有自日本進口的，也有當時鶯歌的「由大」、「七星」，及新竹的「雙獅」陶磁廠生產，其後，建築業式微，現在只剩下「雙獅」陶磁廠仍然持續經營。陳先生的客戶多爲台灣南北各地的建材行，亦有海外如東南亞及新加坡的訂單。陳先生當時找來了阿明（音譯，全名不詳）〔註6〕，及正在鶯歌市拿陶藝有限公司從事陶瓷彩繪的張美雲女士、陳瑞興先生來擔任繪畫的工作，其所完成的作品多經由建材行轉手，而廟宇、墳墓等公共空間也開始有彩瓷的運用。張美雲女士的作品亦有少數由私人收藏。

（二）中亞石獅

民國 64 年，陳長統先生在鶯歌成立中亞石獅公司，專營各類的石獅、石燈等等墓地相關用品，亦有接受廟宇，及墓肩、墓手兩側的貼磁訂單。墓肩、墓手的貼磁面積較小（如 5×5 英吋的瓷版兩片的組合或四片的組合）時，則配合業主喜好而選擇網版印刷的白底彩瓷，或是轉寫的白底彩瓷。而這些繪製完畢的彩瓷均由陳拱墀先生的工廠提供，當業主的貼磁面積要求較大時，中亞公司就會找到彩繪的施作師傅，來製作大面積的人工手繪白底彩瓷，只

陸-二-1　網版印刷彩瓷（中亞提供拍攝）

〔註 6〕根據筆者訪察記錄，多人均有提到「阿明」（音譯）這號人物有從事彩繪，但是眾人均不知其眞實全名，今亦無從聯絡。

有少數的業主才會要求以手繪來製作小面積的彩繪瓷版。而業主的內容需求通常會因貼覆的位置而有所不同。當業主要求製作大面積的手繪白底彩瓷時，中亞公司也會找到阿明、張美雲女士及陳瑞興先生來製作繪畫。

（三）和德昌有限公司

民國 77 年，原本也從事陶瓷業的蘇敬忠先生成立了和德昌有限公司，蘇先生的公司專營各種瓷器的加工，包括餐具、花瓶及香爐。同時也向陳拱墀先生批貨。蘇先生的妻子余月琴女士從小就從事鶯歌盤碟的彩繪，和蘇先生成立了和德昌之後，也會接受業主彩繪瓷磚的訂單。

二、代表人物及作品

而今日少數從民國 63 年至今仍有參與彩繪瓷版工作的即為張美雲女士。

張美雲女士生於民國 42 年，鶯歌本地人，畢業於復興商工美術科。自民國 61 年起在市拿陶藝公司繪製仿古彩瓷至於民國 69 年，在民國 63 年陳拱墀先生創立聯藝公司時，即開始從事手繪彩瓷的工作，無論是聯藝公司、中亞公司，甚至是現在碩果僅存的和德昌公司，均會情商張美雲女士來捉刀，故張女士至今累積之作品無數。然而和陳瑞興先生同樣的問題是，張女士也是不曾落款，故今天要搜羅張女士的作品仍有一定的困難。張女士素以彩繪的人物瓷版見長，離開了市拿公司之後，張女士依然醉心於陶藝的彩繪創作，在其早期的作品中，有著市拿時期仿古的影子，今日在鶯歌一帶，張女士以描金技法獨樹一格。

據筆者與陳拱墀先生的訪談得知，張女士的作品，亦有售出到新加坡一帶，近年來，已有收藏者收購張女士的彩繪瓷版，張女士現在的彩繪瓷版作品較少，而多從事瓷器彩繪，並且在陶博館擔任義工，持續為陶藝盡力，並計劃開辦個展。

陳拱墀先生在四年前結束聯藝公司退休以後，鶯歌彩繪瓷磚的網版印刷，只剩下和德昌一家工廠有經營，而且陳先生將其製作網版印刷的工具及技術毫不藏私的傳給了蘇先生的工廠，現在主要由余女士來從事手工的網版印刷彩瓷，轉寫的部份今多以餐具和馬克杯為主，瓷版較少，如果有需要大面積的手工彩繪，則由余女士來繪製，或者委託張美雲女士來繪製，但今天，手工繪製的需求降低，市場價格不好，所以，和德昌公司多半只請張美雲女士勾勒作品線條，再由余月琴女士上色。

陸-二-2　張美雲女士作品（鶯歌忠義宮）

陸-二-3　張美雲女士彩繪作品

三、製作方式

　　根據筆者向鶯歌老師傅〔註7〕求證，在日治時期，因爲釉藥及技術的問題太過困難，故鶯歌在當時無法製作出馬約利卡彩瓷，但因爲自日治時期至今仍有使用彩瓷的遺風存留，而現今鶯歌已經有了足夠的技術與科學的方法，

〔註 7〕　根據筆者採訪鶯歌交趾師傅吳良斌先生，吳老師認爲以日治時期的鶯歌陶瓷
　　　　　製作技術無法做出今日所見日製的彩瓷。

可以模仿製作並且維妙維肖。

　　鶯歌出現的建築彩瓷應分成兩個大類來說。一為日治時期的 6×6 英吋的釉下彩瓷版，以及民國 60 年以後到現在的 5×5 英吋白底彩繪瓷版。但是就鶯歌現有的實際製作之彩瓷而言，其製作方式共有三種。

（一）轉寫紙貼花瓷版

　　陳拱墀先生看到別人用轉寫方式貼花在花瓶上，便將這種技巧轉而應用到白底的瓷版上。這種方式是先請人畫出所想要的圖案，製作成轉寫紙，再將轉寫紙剪下，泡在水中使其軟化，並且使圖紙和底部的紙張分離，再將轉寫圖案貼在瓷版上，送到電窯中以中溫燒製，即可完成。現在不再使用轉寫於瓷版上，因為不符合經濟效益，而多用此方式運用於量大的餐具、盤碟上。

陸-二-4　轉寫貼紙（中亞提供筆者拍攝）

轉寫的流程圖如下：

1. 將製作好的轉印紙剪裁下來。（如陸-二-5）
2. 將轉印紙泡水，並取下該紙。（如陸-二-6）
3. 以軟式刮刀刮平後，送入窯中以 700～880 度燒製（視物件材質而有差異），即可完成。（如陸-二-7）

陸-二-5　轉寫貼紙

陸-二-6　將轉印紙浸水

陸-二-7　右手所握即爲軟式刮刀

（二）網版印刷

目前鶯歌最古老的網版印刷機器即為和德昌公司由陳拱墀先生處所承接的老器物。網版印刷其實也是手工製造，是先由畫師將所需求的圖樣繪製在網版上，每使用一種顏色，就需要繪製屬於該種顏色的網版，並且在其上繪製屬於需上該種顏色的圖樣，也就是說，整張版面上所有某色的部份畫在其中之一的網版上，如果整幅圖畫共用了五種顏色，就會有五張網版。今天和德昌公司用在網版印刷的顏料均為正色，並不加以調色，顏色的使用至多為：紅、黃、綠、黑、藍、咖啡色共六種，由余月琴女士親自操作。以下是筆者為余女士紀錄其操作的過程。

　　1. 調製色料。

　　2. 將網版固定於機器上。

　　3. 將需上某色的瓷版置於網版之下，一定要對整齊。

　　4. 敷上色料，以刮刀刮平。

　　5. 取出瓷版，擱置一小時之後才可再上另一色。

　　6. 待全部的顏色上完之後，再將瓷版置於電窯中，以 860～880 度的溫度燒製。

又將其操作過程以圖像紀錄如下：

陸-二-8　待上黃色的瓷版

陸-二-9　固定網版

陸-二-10　鋪上瓷版並對齊

陸-二-11　覆上黃色色料，再以刮刀刮平

陸-二-12　完成黃色上色過程的瓷版

陸-二-13　網版印刷的顏料及工具

（三）手繪彩瓷

早期鶯歌至少有三位從事彩瓷繪畫的師傅，阿明、陳瑞興、張美雲。

然而阿明後來改行從事漫畫工作，不在此一業界，故而眾人均失去他的消息。陳瑞興先生離開市拿之後，也仍然從事彩繪的工作，其彩繪的內容則多以花瓶為多，偶有彩繪瓷版的作品。可惜的是，陳瑞興先生已去世，而其彩繪瓷版的作品又無落款簽名，使得陳先生的作品無法得到確認、證實。所幸在筆者多次的拜訪與交談後，張女士漸漸接受了落款簽名的觀念，這是現在不做，將來就會後悔的事。鶯歌出售的白底彩繪瓷版遍及全島，全島的白底彩繪瓷版大都來自鶯歌，鶯歌的彩繪師傅所做的作品更是彩繪中的彩繪，如果他們不簽名，將來便沒有人知道那是誰的作品，就沒有人會重視這樣的藝術，沒有人重視的藝術當然是難逃失傳的命運的。

其施作的過程如下：

1. 先將預計的瓷版平鋪。

2. 有經驗的繪師會直接在瓷版上以毛筆蘸黑墨勾勒線條。

3. 待構圖完成並晾乾後，再施以所需要的顏色。

4. 將全部完成的瓷版送入隧道窯中燒製，溫度在 860～880 度之間即可。

陸-二-14　張美雲女士示範彩繪瓷版

陸-二-15　手工彩繪瓷版

中亞公司提供翻拍，無落款，作者不詳

　　鶯歌具備彩瓷的完整體系，從日治時代的馬約利卡彩瓷，到白底素燒的彩繪瓷版，均可以在鶯歌見到完全的展現。鶯歌從民國 60 年代起，建築用陶瓷業發達之後，帶動了白底素燒的彩繪瓷版的製作，又因為鶯歌原本就有的彩繪的人才，使得鶯歌白底素燒的彩繪瓷版也曾經盛極一時。根據筆者與陳拱墀先生的訪談，當年來向陳先生購買彩瓷的業主並不限於廟宇與墓地的用途，亦有置於傢俱、室內及學校者。所以鶯歌在北台灣的淡水河流域建築彩繪瓷版的製造上的參與，其重要性與地位不容忽視。而如果北台灣淡水河流域的彩繪瓷版，參與了世界的彩繪瓷版的表演舞台，扮演了重要的角色與樞紐的任務，那麼，鶯歌地區彩繪瓷版的製造，又在北台灣的淡水河流域沿岸聚落，甚至是全台與周邊的國家地區，也扮演著重要的角色與樞紐性的任務。

第七章　結論──彩繪瓷版之未來展望

　　彩繪瓷版有其豐富的面貌與多元的建築表情，自十二世紀的中東地區沿用、發散至二十一世紀的世界各個角落，舉凡亞洲、南北美洲、歐洲都可以見到彩瓷在建築上的使用。特別是在台灣的彩繪瓷版，大多數是來自日本經由模仿英國的維多利亞彩瓷而製造，且在彩繪瓷版於英國的曼徹斯特被英國人製造之前，已經經歷了荷蘭、義大利、西班牙等歐陸國家文化的洗禮，所以，來到台灣的彩繪瓷版具備了淵遠流長的海洋文化的身世，同時又將其運用在傳統東方美學的建築空間〔註1〕中，進而承載著東方建築中文化薪傳的期待與祈求福祉的意涵，使得藉由彩繪瓷版的使用，結合了西方與東方的文化。此外，馬約利卡彩瓷也的確影響了東方傳統的建築美學，在彩瓷傳入期間，彩繪瓷版所貼覆的位置上，多為原本傳統建築彩繪、泥塑及木雕的所在，彩瓷的引入，亦深深影響了原本的東方傳統建築的工法。

　　然而，隨著科技的日新月異，建築材料的求新求變，彩繪瓷版在建築上的使用已不復往日的頻繁光景，但是，彩繪瓷版仍有其不可取代的溫潤、溫暖，與華美的面貌，其仍被選擇運用為建築裝飾重要的媒材之一，使得其得到延續並且生生不息。

　　除了在建築的使用之外，亦可使用於傢俱設計上，在二十一世紀今日的北台灣地區，彩繪瓷版的製作與運用更可見到其不同於以往的面貌，有的商店將其主人收藏的日治時期彩繪瓷版，融入新的室內設計之中，作為新的商場展示櫃的裝飾設計，以呼應其商店的特色。如誠品敦南店的地下商店街中，即可以見到如是的運用，以增添販售台灣傳統布袋戲人偶商場的古舊氛圍。

〔註1〕　如前文所述則有游家、卓家、桃園賴家祖厝，以及內湖的林秀俊墓等等。

柒-1

台北市誠品商場陳小姐收藏之彩繪瓷版家具，共使用一片日治時期 6×6 英吋
（15.2cm×15.2cm）的彩繪瓷版，以及八片白底釉上彩繪瓷版

此外，在 2005 年的近代，白底的釉上彩繪瓷版依然受到普遍的喜愛與重
視，並且多用來作爲社區總體營造，或是賦予老建築新氣象時的新設計，以
作爲建築物的美化或是地面的裝飾，例如在大稻埕的永樂市場，其在重新修
理整頓之時，即請專人將繪製好的白底彩繪瓷版貼覆在原本斑剝的老建築之
上，即立刻重新爲老建築添上新色彩。使得原本老舊的建築外觀得到煥然一
新卻又不失其古樸風情的面貌。

柒-2

大稻埕永樂市場的白底釉上彩繪瓷版（20cm×20cm）

在台北市金華國中近年整修的圍牆上，也由學生親手繪製了以植物為主題的白底彩繪瓷版，使原本單調的圍牆也能夠因為彩繪瓷版的多樣色彩而更添活潑的氣氛。

柒-3

台北市金華國中圍牆上的白底釉上彩繪瓷版（52cm×52cm）

今日在北台灣的鶯歌地區，其在製作彩繪瓷版的技術上有了長足的進步，已經可以成功仿製出日治時代的馬約利卡彩瓷，並且有卓越的表現。

而當代的室內設計及家具上多可以見到彩瓷的運用〔註2〕，加上彩瓷有著復古的情調，異國的情趣，現今在全世界都可以見到其多樣的風貌與多元的展現，希望未來我們可以給予彩瓷藝術更多的關注與了解，因為建築用彩瓷首重需求，有了更多的需求，彩瓷必能在將來有更寬廣的應用，並期待鶯歌的彩瓷可以有更進步的發展。

北台灣淡水河流域的彩瓷建築，運用了日人傳入的彩繪瓷版，結合了傳統的建築理念與文化，將傳統的建築做了重新的詮釋，賦予了建築新的生命與新的風尚，創生了台灣傳統建築融合彩繪瓷版的裝飾語言，亦使得台灣的傳統建築能夠躍上國際舞台，參與世界的建築裝飾脈動，擁有與世界時尚相同的建築彩繪瓷版，並且藉由日本生產國的影響，台灣間接的與整個東南亞

〔註2〕丁薇芬，《瓷磚拼貼》，台北市：麥浩斯出版社，2004年1月。

洲地區的建築，如中國大陸東南沿海地區，及印度、印尼、新加坡、馬來西亞等，產生了相似的建築裝飾語言，在今日論文研究時間有限的情形之下，筆者乃以北台灣淡水河流域地區的彩瓷建築作爲研究重心，然對於南洋地區的彩繪瓷版建築所做相關的比較與分析，日後將另文整理之。

　　雖然當時的風潮已經不再，而彩繪瓷版有其樸質的色彩，溫潤的觸感，並且擁有歷久不衰、多年如新的特色，此即正是彩繪瓷版在二十一世紀又能再次獲得世人的肯定的新生命的重要原因，雖然彩繪瓷版經過了悠悠的歲月，但是依然歷久彌新的在各式新與舊的建築上展現它獨特的美麗與綽約的風姿，當然是值得後人加以重視及保存，並且希望世人能夠深入的了解其在紋樣與形制上所蘊含的象徵意義，與其深刻的美學思維之後，能夠使得北台灣地區的建築彩繪瓷版受到更多的重視與保存。

參考書目

一、中文參考文獻資料

（一）中文專書

1. 陳正祥，《台北市誌》，台北：南天書局出版，1997年。

2. 高賢治主編，《淡水廳志》，《台灣方志集成·清代篇·第一輯 15》，台北：宗青圖書出版公司，1995年。

3. 潘俊富，呂勝由攝影，《詩經植物圖鑑》，台北：貓頭鷹出版社，2001年6月。

4. 賴智彰編，《台北縣傳透民居調查「第一階段」》，台北縣政府文化局出版，1990年11月。

5. 繆弘琪主編，《流光凝煉方寸間》，台北縣立鶯歌陶瓷博物館出版，2003年1月。

6. 翁清源建築師事務所，《台北市的三級古蹟林秀俊墓古蹟調查研究及修復計畫》，台北市政府文化局指導，2001年7月。

7. 高賢治主編，《淡水廳志》，《台灣方志集成·清代篇·第一輯 15》，台北：宗青圖書出版公司，1995年。

8. 賴智彰編，《台北縣傳統民居調查「第一階段」》，台北縣政府文化局出版，1990年11月。

9. 李乾朗，《台灣近代建築之風格》，台北：室內雜誌，1994年11月。

10. 李乾朗，《台灣傳統建築匠藝》，台北：燕樓古建築出版，1995年。

11. 李乾朗、俞怡萍，《古蹟入門》，台北：遠流出版社，1999年。

12. 李乾朗，《傳統營造匠師派別之調查研究》，台北：行政院文化建設委員會，1988年。

13. 李乾朗，《台灣建築閱覽》，台北：玉山社，1996年。

14. 李乾朗，《台灣傳統建築》，台北：東華書局，1996 年。

15. 李乾朗，《台灣建築史》，台北：雄獅圖書股份有限公司，1979 年。

16. 楊學芹、安琪，《民間美術概論》，北京：北京工藝美術出版社，1994 年 8 月。

17. 王毅，《中國民間藝術論》，太原：山西教育出版社，2000 年 10 月。

18. 席德進，《台灣民間藝術》，台北：雄獅圖書股份有限公司，1974 年。

19. 俞美霞，《東漢畫像石與道教發展》，台北：南天書局，2000 年 5 月。

20. 吳慶洲，《中國建築‧脊飾》，中國建築週刊 21，台北：錦繡出版，2003 年 8 月。

21. 丁薇芬，《磁磚拼貼》，台北：麥浩斯出版社，2004 年 1 月。

22. 劉詠聰，《中國古代社會生活叢書七》，台北：台灣商務印書館，1998 年。

23. 王煒民，《中國古代禮俗》，台北：台灣商務印書館，1994 年。

24. 黃有志，《社會變遷與傳統禮俗》，台北：幼獅文化事業公司。

25. 田自秉、楊伯達，《中國工藝美術史》，台北：文津出版社，1990 年 3 月。

26. 台北縣立文化中心，《蟠龍雕鳳——龍與北縣寺廟專輯》，1998 年 11 月。

27. 林會承，《傳統建築手冊》，台北：藝術家圖書公司，1995 年。

28. 凌志四主編，《台灣人民俗》套書第五冊，台北：橋宏出版社，1990 年。

29. 林明德主編，《台灣民俗技藝之美》，南投：台灣省文化處出版，1998 年。

30. 王其鈞，《古往今來道民居》，台北：大地地理文化科技事業股份有限公司，2000 年。

31. 蕭梅，《台灣民居之傳統建築風格》，台中：東海大學出版，1968 年。

32. 藤島亥治郎，詹慧玲編校，《台灣的建築》，台原出版社，1999 年。

33. 王魯民，《中國古典建築文化探源》，台北：地景企業股份有限公司，1999 年。

34. 王其鈞，《中國傳統民居建築》，台北：南天出版社，1993 年。

35. 莊伯和，《台灣民藝造型》，台北：藝術家出版社，1994 年。

36. 魏德文，《中國民居》，台北：南天書局，1993 年。

37. 白文明，《中國古建築美術博覽》套書第二冊，台北：地景企業股份有限公司，1992 年。

38. 李欽賢，《台灣的古地圖「日治時期」》，台北：遠足文化出版，2002 年。

39. 黃沼元，《台灣的老街》，台北：遠足文化出版，2002 年。

40. 河出圖社策劃，《古地圖台北散步，1895 清代台北古城》，果實出版社，2004 年。

41. 國分直一，邱夢蕾譯，《台灣的歷史與民俗》，台北：武陵出版有限公司，1998 年 9 月。

42. 周凱，《台灣歷史文獻叢刊·廈門志·上》，南投：台灣省文獻委員會，1993 年 9 月。

43. 張勝彥、吳文星、溫振華、戴寶村等編，《台灣開發史》，台北：國立空中大學，2001 年 2 月。

44. 松浦章，卞鳳奎譯，《日治時期台灣海運發展史》，台北：博揚文化事業有限公司，2004 年 7 月。

45. 松浦章，卞鳳奎譯，《清代台灣海運發展史》，台北：博揚文化事業有限公司，2002 年 10 月。

46. 林豪，《台灣歷史文獻叢刊，澎湖廳志》，南投：台灣省文獻委員會，1993 年 6 月。

47. 林焜熿，《台灣歷史文獻叢刊，金門志》，南投：台灣省文獻委員會，1993 年 9 月。

48. 台灣省文獻委員會，《台灣省通志史稿·卷四·經濟志交通篇》，1956 年 3 月。

49. 神田外茂夫，《大阪商船株式會社五十年史》，大阪：大阪商船株式會社，1934 年 6 月。

50. 陳信雄，《陶瓷台灣》，台中：晨星出版文化又限公司，2003 年。

51. 陳運造，《野生觀賞植物（一）》，台北：渡假出版社有限公司，1991 年。

52. 陳運造，《野生觀賞植物（二）》，台北：渡假出版社有限公司，1991 年。

53. 陳運造，《野生觀賞植物（三）》，台北：渡假出版社有限公司，1991 年。

54. 王銘琪，《草本觀賞植物（二）》，台北：渡假出版社有限公司，1992 年。

55. 蔡福貴，《木本觀賞植物（二）》，台北：渡假出版社有限公司，1992 年。

56. 鄭元春，《植物 Q&A》，台北：大樹文化出版有限公司，2002 年。

57. 湯熙勇主編，《臺北市地名與路街沿革史》，台北：台北市文獻委員會，2002 年。

58. 楊仁江主編，《臺北市民宅（傳統民居）調查》，台北：台北市文獻委員會，2002 年。

59. 王惠君、徐福全，《臺北市市定古蹟萬華林宅調查研究》，台北：台北市文化局，2002 年。

60. 米復國，《金門與澎湖地區傳統聚落及民宅之調查研究》，台北：行政院文化建設委員會，1995 年。

61. 溫振華、戴寶村，《淡水河流域變遷史》，台北：台北縣立文化中心，1998年。

62. 黃俊銘，《新竹市日治時期建築文化資產調查研究》，新竹：新竹市立文化中心，1999年。

63. 王貞富，《日治時期磚造歷史建築物修復補強設計研究》，國立文化資產保存研究中心籌備處，2001年。

64. 林豪，《台灣歷史文獻叢刊，澎湖廳志》，南投：台灣省文獻委員會，1993年6月。

（二）中文期刊

1. 堀込憲二，〈金門傳統建築上使用彩磁裝飾的研究〉，《金門》雜誌，2002年。

2. 堀込憲二，〈日治時期使用於台灣建築上彩磁的研究〉，《台灣史研究》第八卷第二期，2001年12月。

3. 俞美霞，〈磁州・鶯歌・交趾燒——台灣民窯探源〉，《藝術家雜誌》，2002年9月。

4. 周宗賢，〈臺北縣第三級古蹟深坑黃宅永安居調查研究〉，《北縣文化》，1990年。

5. 徐茂炫、黃登興，《日據時期台灣港口與貿易》，行政院國家科學委員會補助專題研究計畫成果報告，2001年10月31日。

6. 姚維新，〈大馬士革古建築與伊斯蘭建築藝術〉，《阿拉伯世界》，1995年第二期。

7. 曹永和，〈環中國海域交流史上的台灣和日本〉，《台灣史論文集》，台北：玉山社出版，1996年。

8. 李乾朗，〈澎湖地傳統建築的裝飾〉，《傳統藝術研討會論文集》，中華民族藝術基金會主編，台北：國立傳統藝術中心籌備處出版，2001年。

9. 李乾朗，〈二十世紀初台灣建築的彩磁面磚〉，《台灣近代建築之風格》，室內雜誌出版，1992年。

（三）學位論文

1. 林世超，《澎湖地方傳統民宅裝飾藝術》，成功大學建築所碩士論文，1996年。

2. 蔡日祥，《日治時期台灣地區建築上使用彩磁裝飾之研究——以雲林、嘉義、台南地區傳統民宅爲主》，淡江大學建築學系碩士論文，2000年。

3. 盧泰康，《中國宋元時期陶瓷中的箆紋裝飾——兼論台澎地區出土的箆紋青瓷》，國立台南藝術學院碩士論文，2000年。

二、外文參考文獻資料

（一）英文專書

1. Noel Riley, *A History of Decortive Tiles*, Grange Books, 1998.

2. Ronald G. Pisano, *The Tile Club And The Movement in America*, Harry N. Abrams, Incorporated, New York, 1999.

（二）英文期刊

1. Susan Tenaglia, "Magnificent Majolica", *The World & I. Washington*: Dec 1999. Vol. 14, Iss. 12, p.104.

2. Padilla, R.; Schalm, O.; Janssens, K.; Arrazcaeta, R.; Van Espen, P. "Microanalytical characterization of surface decoration in Majolica pottery", *Analytica Chimica Acta* Vol: 535, Iss: 1-2, Apr 11, 2005, pp. 201-211.

3. Fermo, P.; Cariati, F.; Cipriani, C.; Canetti, M.; Padeletti, G.; Brunetti, B.; Sgamellotti, A. "The use of small angle X-ray scattering (SAXS) for the characterisation of lustre surfaces in Renaissance majolica", *Applied Surface Science* Vol: 185, Iss: 3-4, January 15, 2002, pp. 309-316.

4. Christopher Garcia. "ceramics in deruta", *Italy Ceramics Monthly*, Columbus: Oct 2004. Vol. 52, Iss: 8, p. 50.

5. Laurie J Edwards. "Ceramicay Cultura: The Story of Spanish and Mexican Majolica School" *Library Journal*. New York: Feb 2004. Vol. 50, Iss. 2, p. 63.

6. Glusker, Irwin. "Italy's majolica road Gourmet", *New York*: Sep 1997. Vol. 57, Iss. 9, p. 122.

附錄：淡水河流域彩繪瓷版紋樣一覽表

項次	位　置	彩　繪　瓷　版	出　　處
1.	脊堵		● 淡水石頭厝 1 ● 源興居 1 ● 鶯歌游家 35
2.	脊堵 墓肩		● 林秀俊墓 16 ● 桃園餘慶居 12
3.	脊堵		● 淡水石頭厝 2 ● 鶯歌游家 6

4.	脊堵		• 淡水石頭厝 3
5.	脊堵 墓手		• 淡水石頭厝 4 • 林秀俊墓 1 • 鶯歌游家 28
6.	脊堵		• 淡水石頭厝 5
7.	脊堵		• 淡水石頭厝 6
8.	脊堵		• 淡水石頭厝 7

9.	脊堵 街屋正立面		● 淡水石頭厝 8 ● 深坑德興行 7
10.	脊堵 墓手		● 淡水石頭厝 9 ● 林秀俊墓 2
11.	脊堵		● 淡水石頭厝 10
12.	脊堵		● 淡水石頭厝 11
13.	脊堵		● 淡水石頭厝 12

14.	廟宇供桌	四片	• 淡水福佑宮 1
15.	廟宇供桌 洋樓秀面 （水車堵）	四片	• 淡水福佑宮 2 • 龜山曹家古厝 1
16.	廟宇供桌 洋樓秀面 （水車堵）	四片	• 淡水福佑宮 3 • 龜山曹家古厝 2
17.	脊堵		• 源興居 2
18.	脊堵		• 源興居 3

19.	脊堵		● 源興居 4,5,6
20.	墓手 街屋正立面		● 林秀俊墓 3 ● 深坑德興行 6
21.	墓手 街屋正立面		● 林秀俊墓 4 ● 深坑德興行 8
22.	墓手		● 林秀俊墓 5
23.	脊堵 街屋正立面		● 深坑德興行 4 ● 三峽武功商店 1 ● 大溪榮泰行 6 ● 鶯歌游家 21

24.	墓手 街屋正立面		● 林秀俊墓 6 ● 大溪榮泰行 9
25.	街屋正立面		● 三峽武功商店 3
26.	街屋正立面		● 大溪榮泰行 8
27.	脊堵 墓手		● 林秀俊墓 7 ● 桃園餘慶居 20
28.	墓手		● 林秀俊墓 8

29.	脊堵 墓手		● 林秀俊墓 9 ● 鶯歌游家 17
30.	脊堵 墓手 街屋正立面		● 林秀俊墓 10 ● 鶯歌游家 27 ● 湖口老街 1
31.	墓手		● 林秀俊墓 11
32.	墓手 街屋正立面		● 林秀俊墓 12 ● 深坑德興行 9
33.	脊堵 墓手		● 林秀俊墓 13 ● 鶯歌游家 19

34.	墓手		● 林秀俊墓 14
35.	脊堵 墓肩 街屋正立面		● 林秀俊墓 15 ● 深坑德興行 3 ● 萬華康定路 279 號 1 ● 鶯歌游家 20
36.	墓手	（3×3）	● 林秀俊墓 17
37.	街屋正立面		● 萬華康定路 279 號 2
38.	街屋正立面	（3×6）	● 萬華康定路 279 號 3
39.	街屋正立面	（3×3）	● 萬華康定路 279 號 4

40.	街屋正立面		● 金山金包里 1 ● 深坑德興行 11 ● 萬華康定路 102～108 號 1 ● 坪林 85 號 1
41.	街屋正立面		● 金山金包里 2 ● 迪化街大山行 1 ● 萬華康定路 102～108 號 2 ● 湖口老街 3
42.	街屋正立面		● 三峽武功商店 2
43.	街屋正立面	 （3×6）	● 金山金包里 3
44.	脊堵 正廳		● 深坑永安居 1 ● 桃園餘慶居 22

45.	街屋正立面		• 大溪榮泰行 4
46.	額堵		• 深坑永安居 2
47.	脊堵 額堵		• 深坑永安居 3 • 迪化街大山行 2 • 大溪榮泰行 7 • 鶯歌卓家 1 • 湖口老街 2
48.	街屋正立面		• 深坑德興行 1 • 三峽武功商店 4 • 大溪榮泰行 2
49.	脊堵		• 鶯歌游家 16

50.	脊堵		● 鶯歌游家 32
51.	街屋正立面		● 深坑德興行 2 ● 湖口老街 4
52.	街屋正立面		● 深坑德興行 5
53.	街屋正立面		● 深坑德興行 10
54.	脊堵		● 深坑德興行 12 ● 鶯歌游家 34

55.	街屋天井		• 深坑德興行 13
56.	脊堵 街屋正立面 山門	（3×6）	• 深坑德興行 14 • 大溪榮泰行 3 • 鶯歌游家 26 • 桃園餘慶居 2
57.	脊堵	（3×6）	• 鶯歌游家 1 • 桃園餘慶居 3
58.	街屋正立面		• 坪林 85 號 2 • 大溪榮泰行 1 • 鶯歌卓家 2
59.	街屋正立面		• 康定路 102～108 號 3
60.	街屋正立面		• 康定路 102～108 號 4

61.	正立面門樓		● 新莊戲館巷 4 號 1
62.	正立面門樓		● 新莊戲館巷 4 號 2
63.	正立面門樓		● 新莊戲館巷 4 號 3
64.	街屋正立面		● 大溪榮泰行 5
65.	脊堵		● 鶯歌游家 2 ● 桃園餘慶居 13

66.	脊堵		● 鶯歌游家 3 ● 桃園餘慶居 14
67.	脊堵		● 鶯歌游家 4 ● 桃園餘慶居 16
68.	脊堵		● 鶯歌游家 5
69.	脊堵		● 鶯歌游家 7 ● 桃園餘慶居 17
70.	脊堵		● 鶯歌游家 8 ● 桃園餘慶居 15

71.	脊堵		● 鶯歌游家 9
72.	脊堵		● 鶯歌游家 10
73.	脊堵		● 鶯歌游家 11
74.	脊堵		● 鶯歌游家 12
75.	脊堵		● 鶯歌游家 13 ● 桃園餘慶居 21

76.	脊堵		● 鶯歌游家 14
77.	脊堵		● 鶯歌游家 15
78.	脊堵		● 鶯歌游家 41
79.	脊堵		● 桃園餘慶居 11
80.	脊堵		● 鶯歌游家 18

81.	脊堵		• 鶯歌游家 22
82.	脊堵	 （3×6）	• 鶯歌游家 23
83.	脊堵	 （3×6）	• 鶯歌游家 24
84.	脊堵	 （3×6）	• 鶯歌游家 25
85.	脊堵	 （3×6）	• 鶯歌游家 29
86.	脊堵	 （3×6）	• 鶯歌游家 30
87.	脊堵		• 鶯歌游家 31

88.	脊堵		• 鶯歌游家 33
89.	脊堵		• 鶯歌游家 36
90.	脊堵	（3×6）	• 鶯歌游家 38
91.	脊堵	（3×6）	• 鶯歌游家 39
92.	脊堵		• 鶯歌游家 40
93.	脊堵		• 鶯歌游家 42

94.	脊堵		● 鶯歌游家 43
95.	脊堵		● 鶯歌游家 44
96.	脊堵		● 鶯歌游家 45
97.	脊堵		● 鶯歌游家 46
98.	脊堵		● 鶯歌游家 47

99.	脊堵	(3×6)	● 鶯歌游家 48
100.	脊堵	(3×6)	● 鶯歌游家 49
101.	脊堵	(3×6)	● 鶯歌游家 50
102.	脊堵	(3×6)	● 鶯歌游家 51
103.	脊堵	(3×6)	● 鶯歌游家 52
104.	脊堵	(3×6)	● 鶯歌游家 53
105.	脊堵	(3×6)	● 鶯歌游家 54
106.	脊堵	(3×6)	● 鶯歌游家 55 ● 桃園餘慶居 1
107.	脊堵	(3×6)	● 鶯歌游家 56

108.	脊堵	（3×6）	● 鶯歌游家 57
109.	脊堵	（3×6）	● 鶯歌游家 58
110.	脊堵	（3×6）	● 鶯歌游家 59
111.	脊堵	（3×6）	● 鶯歌游家 60
112.	脊堵	（3×6）	● 鶯歌游家 61
113.	脊堵	（3×6）	● 鶯歌游家 62
114.	脊堵	（3×6）	● 鶯歌游家 63
115.	脊堵	（3×6）	● 鶯歌游家 64
116.	脊堵	（3×6）	● 鶯歌游家 65

117.	脊堵	(3×6)	● 鶯歌游家 37
118.	脊堵	(3×6)	● 鶯歌游家 66
119.	脊堵	(3×6)	● 鶯歌游家 67
120.	脊堵	(3×6)	● 鶯歌游家 68
121.	脊堵	(3×6)	● 鶯歌游家 69
122.	脊堵	(3×6)	● 鶯歌游家 70
123.	脊堵	(3×6)	● 鶯歌游家 71
124.	脊堵	(3×6)	● 鶯歌游家 72
125.	脊堵	(3×6)	● 鶯歌游家 73

126.	脊堵	（3×6）	● 桃園餘慶居 4
127.	脊堵	（3×6）	● 桃園餘慶居 5
128.	脊堵	（3×6）	● 桃園餘慶居 6
129.	脊堵	（3×6）	● 桃園餘慶居 7
130.	脊堵	（3×6）	● 桃園餘慶居 8
131.	脊堵	（3×6）	● 桃園餘慶居 9
132.	脊堵	（3×6）	● 桃園餘慶居 10
133.	脊堵		● 桃園餘慶居 18

134.	脊堵		● 桃園餘慶居 19
135.	脊堵		● 桃園餘慶居 23
136.	脊堵		● 桃園餘慶居 24